PHILIPP TINGLER

STIL ZEIGEN!

PHILIPP TINGLER

Stil zeigen!

HANDBUCH FÜR GESELLSCHAFT
UND UMGANGSFORM

MIT ILLUSTRATIONEN VON
DANIEL MÜLLER

KEIN & ABER

Under pressure people admit to murder, setting fire to the village church, or robbing a bank, but never to being bores.
Elsa Maxwell

Coverillustration: Daniel Müller
Gestaltung und Satz: Nicholas Ditzler
Druck und Bindung: Kösel GmbH, Krugzell
ISBN 978-3-0369-5520-9

www.keinundaber.ch

INHALT

Teil 2
DIE KUNST DER KONVENTION

Anhang
DIE TYPEN DES SOZIALEN

ZUM GELEIT

Der Formenschatz des guten Tons

»Es gibt nicht so was auf der Welt wie ein kostenloses Mittagessen!« So lautet die lapidare Übersetzung von »There ain't no such thing as a free lunch« – einer Maxime, die auch als TANSTAAFL-Prinzip bekannt ist und zu den Grundweisheiten der Ökonomie gehört. Jeder Student der Wirtschaftswissenschaften kriegt sie im ersten Semester zu hören. Meistens mehrfach. Grob gesagt soll damit zum Ausdruck gebracht werden, dass für alles immer irgendjemand bezahlen muss, sogar für die Freebie Bags nach den Shows bei Agent Provocateur (aber da trifft es wenigstens keinen Armen). Im Hinblick auf Umgangsformen gewinnt der Satz von der Unmöglichkeit des kostenlosen Mittagessens allerdings noch eine übertragene Bedeutung, nämlich: Sie müssen nett und unterhaltsam sein, gerade wenn Sie eingeladen werden. Umgänglichkeit ist der Preis, den die Gesellschaft verlangt, und auch diese Weisheit klingt auf Englisch etwas schmissiger: *You got to sing for your supper.*

Einen Lunch, ob free oder nicht, kann man heutzutage hinsichtlich der Tischmanieren immer noch tadellos mit einer beinahe zwei Jahrzehnte alten Ausgabe von *Tiffany's Table Manners for Teenagers* überstehen – aber bei vielen anderen Phänomenen sozialer Interaktion scheint alles aus den Fugen geraten. Und das zeigt sich bereits, wenn nicht schon beim Lunch, so doch spätestens auf der Dinner Party. Denn während wir früher bei Dinner-Party-Tischnachbarn mit so altmodischen Qualitäten wie einem Sinn für Humor zufrieden waren, scheint es uns heute immer wichtiger zu werden, mit mehr oder weniger harten Fakten über gesellschaftliche Bekanntschaften versorgt zu sein: Einkommen, Beruf, Alter, Kontakte – all diese Daten, nach denen es sich nicht zu fragen gehört, weil sie für die gesellschaftliche Qualität einer Person vollkommen irrelevant sind, bestimmen offenbar in unseren Tagen mehr als je zuvor die soziale Relevanz.

Das wirkt sich natürlich auf die Konversationsthemen aus: Scheidungen und plastische Chirurgie sind heutzutage in jeder Gesellschaft ebenso Safe Conversation Topics (SCTs) wie früher das Wetter und Feriendestinationen (hingegen ist es nach wie vor unmanierlich, über Geld und Preise zu sprechen. Sowie länger als 30 Sekunden über Haustiere). Der Leser wird im vorliegenden Büchlein manche Hilfestellung und Handreichung zur Übung der Konversation finden: Wie man sie am besten anfängt, zum Beispiel, oder wie man am besten mit reichen Leuten redet, vor allem mit dem Segment der sogenannten New Social Rich, dessen Vertreter heutzutage überall auftauchen, nicht mehr bloß im Boujis oder im Le Cirque oder auf dem Rollfeld von Farnborough.

Wir werden hier, einem Wort von Francis Bacon folgend, davon ausgehen, dass die Umgangsform die Kleidung des Gemüts ist und also, wie die richtige Garderobe, nie zu modisch sein sollte. Selbstverständlich werden wir auf die gesellschaftlichen Neuerungen und technischen Errungenschaften der Gegenwart Bezug nehmen – aber ebenso darauf, dass diese höchst wenig bedeuten für klassische Tabus oder intuitiv gutes Benehmen, das sich immer daran ausrichten sollte, seinen Mitgeschöpfen so wenig Unannehmlichkeiten wie möglich zuzumuten. Die Gegenwart ist übrigens auch gar nicht so furchtbar innovativ, wie gerne behauptet wird. Wie die Kaste der New Social Rich zeigt, ist die Klassengesellschaft lebendiger denn je, und anstatt dies, wie das im deutschsprachigen Raum

gerne getan wird, zu leugnen, widmen wir uns lieber mit angelsächsischem Pragmatismus den Formvorschriften, die sich daraus ergeben. In der Tradition der fabelhaften Nancy Mitford unternehmen wir einen kurzen Exkurs in die identifizierbaren Charakteristiken der deutschen bzw. deutschsprachigen Ober- und Unterschicht und weisen den Leser bei dieser Gelegenheit etwa auf diejenigen Vokabeln hin, die Sie lieber vermeiden sollten, wenn Sie nicht bildungsfernen Milieus zugerechnet werden wollen. Eine der schlimmsten dieser Vokabeln ist »Promi«.

Klassengesellschaft hin oder her: Dieses Buch richtet sich an jeden, auch an Menschen, die kein Bankkonto bei Coutts und kein Kundenkonto bei Neiman Marcus haben und keinen Blackberry. Ich habe selbst keinen. (Dafür bin ich mal in Dallas bei Neiman Marcus im Aufzug stecken geblieben, aber das ist eine andere Geschichte.) Andererseits müssen wir der Tatsache ins Auge sehen, dass wir in einer ökonomisierten Gesellschaft leben, in der auch soziale Kontakte vor allem als Investition und Kapital verstanden werden. Gerade die Leutchen, die dies vehement abstreiten, sind oft die berechnendsten Kriecher. In einigen Milieus gilt es im gesellschaftlichen Umgang als Ressourcenverschwendung, sich mit jemandem zu befassen, der nicht mindestens eine NetJets Card und ein kleines Anwesen auf St. Barths hat. Und die Eruierung solcher Daten ist heute so leicht wie nie. Wer kurz den Kontostand einer Bekanntschaft kontrollieren will, muss nicht mehr hastig in fremden Handtaschen stöbern oder nach veralteten Paparazzi-Techniken anderer Leute Müll durchwühlen (zumal viele Leute aus Vorsicht sowieso zum systematischen Shredden übergegangen sind). Man braucht auch keinen Privatdetektiv mehr anzuheuern oder mühsam mit Agentensets vom Schwarzmarkt Telefone anzuzapfen oder über

Wasserdampf Briefumschläge aufzumachen. In Bezug auf Bonitätsanfragen zum Beispiel kann man sich einfach via World Wide Web an professionelle Auskunfteien wenden wie etwa den internationalen Finanzinformationsdienstleister Dun & Bradstreet. Falls es noch schneller gehen muss, weil man vielleicht gerade einen Heiratsantrag bekommen hat, schickt man flink eine SMS-Anfrage an einen Recherchedienst wie »Any Question Answered« – und kriegt, sofern der prospektive Lebenspartner einen einigermaßen bekannten Namen hat, schon wenige Minuten später dessen Kurzlebenslauf plus Vermögenshintergrund als Textnachricht aufs Mobiltelefon geschickt.

Was ich damit sagen will, ist: Man kann sich heutzutage billiger und mit weniger Aufwand indiskret und daneben benehmen als jemals zuvor in der Zivilisationsgeschichte. Und immer mehr Leute tun dies auch. Nicht zuletzt deshalb, also als Bremse gegen die allgemeine Rüpelei und zur Verteidigung des Rechts auf informationelle Selbstbestimmung, sind Lügen nach wie vor erlaubt. Unser Kompendium der guten Form nimmt zur Frage der Unwahrheit eine weniger prüde Position ein als andere Benimmratgeber. Statistisch gesehen lügt ein Bewohner der westlichen Welt durchschnittlich rund 200 Mal am Tag – und dies scheint nicht mehr auszureichen. Es ist unsere tiefe Überzeugung, dass die Wahrheit per se eventuell eine moralische, aber gewiss keine gesellschaftliche Kategorie darstellt. Wahrheit ist überhaupt meistens eine relative Größe, mindestens die Hälfte aller zivilisatorischen Errungenschaften dienen im Grunde nur der Täuschung und damit der Lüge, von Pushup Bras bis zu Selbstbräunern, und die gesellschaftliche Etikette ist in ihrem Kern eine einzige Täuschung mit dem Zweck, den Beteiligten Zeit, Konflikte und Peinlichkeit zu ersparen. Wenn *Sie* diese Arbeit übernehmen, sollte Ihnen Ihr Gegenüber dankbar sein! Deshalb: Keine Scheu vor Lügen, auch nicht vor groben! Solange sie nicht plump sind. Oder, in den Worten von Veronica Chase, Königin der Romantik: »What's convenient is not always what's best. If it were, I'd just throw on a muumuu and eat out of a can.« Oder waren das die Worte von Kitty Foreman? Never mind. Entscheidend ist: Unter welchen Umständen Sie ohne jedes Schuldgefühl die Unwahrheit sagen dürfen, erfahren Sie in den folgenden Kapiteln.

Unser Leitsatz bei allem, was wir in Gesellschaft sagen oder nicht sagen, sollte immer das Dominick-Dunne-Paradox (DDP) sein, welches lautet: »Jedes Geheimnis wird stets mindestens einer Person weitererzählt.« Daraus leitet sich direkt The Golden Rule of Gossip (GRG) ab: *It's fine to pass it on, but never reveal who told you.* Allerdings ist zu beachten, dass diese Goldene Regel noch überstimmt wird von der Kirnbauer-Doktrin: »Falls Ihnen jemand was unter dem Siegel der Verschwiegenheit anvertraut, denken Sie daran, dass dieser Jemand besagtes Siegel selbst damit durchbrochen hat.«

Natürlich ist Neugierde ein uralter menschlicher Antrieb. Sie sollte einfach gewisse Grenzen nicht überschreiten, denn die dabei für alle Beteiligten zu Tage tretenden Peinlichkeiten können grenzenlos sein. Und die Vermeidung von Peinlichkeit ist, wie gesagt, immer noch das oberste Ziel für jeden Manierenkatalog. Wie man seinen Drang, Schubladen aufzuziehen, im Zaume halten kann, wird dem Leser in diesem Buch daher ebenso nahegelegt wie das empfehlenswerte Reaktionsmuster für den Fall, dass Sie im Badezimmerschränkchen von Martha und George tonnenweise Modasomil finden. Darüber hinaus empfehlen wir Ihnen, was Sie von sich selbst nicht preisgeben, sondern lieber in Ihre kleine Seele einsperren sollten, so wie das alle anständigen Leute machen. Zum Beispiel den Umstand, dass Sie eine Zeitlang nicht einschlafen konnten, ohne Ihr Bett mit »Lagerfeld« einzusprühen. Es sei denn, Sie *sind* Lagerfeld.

Außerdem zeigen wir Ihnen, was man in herkömmlichen Benimmbüchern praktisch nie lernt, obschon es von exorbitanter Wichtigkeit ist, nämlich: wie man soziale Kontakte schonend beendet. Damit meinen wir nicht ein herzliches »Auf Wiedersehen!« nach einer inspirierenden Unterhaltung, sondern: das wirksame Abwimmeln von Snobs und Langweilern. Es muss mit der Klimaveränderung zusammenhängen oder mit dem Zeug, das die da in Cape Canaveral veranstalten: Sowohl die Zahl der Snobs als auch der

Langweiler nimmt ständig zu (ganz zu schweigen von der allerschlimmsten Gruppe, jener der snobistischen Langweiler – oder, wie das Unikum Sebastian Horsley über seine frühere Gefährtin, das Model Christina Estrada, zu sagen pflegte: »Her conversation was the nearest thing to eternal life we'll ever see on this planet.«). Und während Snobs sich mit Promenadenmischungen vergleichen lassen, in dem Sinne, dass sie wie Hunde sind, die man auf den Rücken werfen muss, um ihnen klar zu machen, wer das Alphatier ist, so gleichen Langweiler einem grässlichen Fabelwesen: Wenn man so was den Kopf abschlägt, bewegt sich der Körper von ganz allein weiter. Und zwar länger als bei einem Huhn. (Natürlich meinen wir das alles nur im übertragenen Sinne. Wir unterstützen hier keine Form der Gewalt. Obschon es eigentlich vieles gibt, für das ich bereit wäre, zu morden: Juwelen, aus Rache, für einen All-Access-Badge bei der Rugby-Weltmeisterschaft, aus Rache, wenn sich jemand bei Starbucks vordrängelt … wo war ich?)

Wo war ich? Genau: Von Christopher Hitchens stammt die zeitlose Einsicht, das Schlimme an schlechten Eigenschaften sei, dass sie sich gegenseitig verstärkten – und diese Erkenntnis ist nach wie vor richtig. Obschon es also als Folge des technischen Fortschritts neue Formen des schlechten Benehmens gibt, werden sich doch manche Dinge niemals ändern, sofern zwei oder mehr Menschen irgendwo zusammenkommen und eine Gesellschaft bilden. Eine dieser Grundkonstanten des sozialen Daseins ist die Symbol- und Repräsentationswirkung, die mit Besitz verbunden ist. Welche Botschaft Sie mit welchen Dingen aussenden, was cool ist und was affig, verrät Ihnen das Kapitel »Der gute Geschmack« im zweiten Teil dieses Handbuchs. Dort finden Sie auch Hinweise zu einem weiteren Phänomen mit Symbol- und Repräsentationswirkung: Ihrem Körper (und seiner Bekleidung). Während in unseren herrlich beschleunigten Zeiten einerseits die Anzahl und die Ausprägungen von Körperwahrnehmungsstörungen exponentiell zunehmen, ergeben sich andererseits aus einer (vordergründig) ebenfalls exponentiell zunehmenden Lebensstil-Mobilität Fragen wie: »Wirke ich lächerlich, wenn ich als 40-jähriger weißer Mann, der aus Nürnberg oder Goslar kommt, die Gestik des Gangsta-Rap imitiere und mir Accessoires zulege, die man glaubwürdig nur tragen kann, wenn man in einem Einwandererviertel nordamerikanischer Großstädte aufgewachsen ist?« (Die Antwort lautet: ja.)

Und während wir hier weder der Auffassung zuneigen, dass Schönheit den Charakter ruiniert, noch der zeitlosen Weisheit von Derek Zoolander widersprechen möchten, es könne im Leben nicht nur darum gehen, sehr, sehr, sehr, sehr gut auszusehen – so möchten wir doch anfügen: Man sollte es wenigstens versuchen. Deswegen laufen immer mehr Leute ins Gym, um dort Gewichte zu stemmen oder wenigstens ihren Beckenboden und die Lotusblüte in ihrem Anahata Chakra beim Hollywood-Yoga. Das Gym ist ein spezifisches Milieu, das seine eigene Etikette hat, über die Sie alles Wesent-

liche im entsprechend titulierten Kapitel dieses Buches nachlesen können. Ob Sie nun im Discountkettenfitnesscenter um die Ecke oder am Jubilee Place bei Stephen Price trainieren (lassen) – Sie werden zwischen Hanteln und Treppenstufensimulatoren, wie in jedem anderen Mikrokosmos, immer einen bestimmten Reigen von Typen antreffen. Und weil auch die gesellschaftliche Typenbildung sich in den letzten zwei Dekaden so dynamisiert hat, dass inzwischen selbst und gerade an Orten wie dem GreenGo in Gstaad oder an Tisch 7 im Le Caprice (oder, wie in London alle sagen: *The* Caprice) immer häufiger Gestalten vorkommen, die ein bisschen aussehen wie vom Planeten Koozebane, haben wir dies Büchlein, obschon wir hier in erster Linie anekdotisch arbeiten, um ein Brevier ergänzt, das enzyklopädischen Charakter hat: die Typen des Sozialen. Damit Sie die Leute leichter einordnen können und sich Ihre Irritation in Grenzen hält, wenn Ihnen der nächste Familienvater über den Weg läuft, der sich anzieht wie ein Teenager, oder der nächste Teenager, der unter 40 Kilo wiegt und eine riesengroße Handtasche in der Armbeuge trägt. Während andere Arten, zum Beispiel das Trophy Wife, mittlerweile ausgestorben sind. Wie damals die Saurier.

Sie merken schon: Besonders im abschließenden enzyklopädischen Teil (aber auch im Rest dieses Büchleins) werden wir häufig angelsächsische Begriffe und Akronyme benutzen. Nicht nur, weil unsere Perspektive eine globale ist (das sind wir den modernen Zeiten schuldig) und weil das Vereinigte

Königreich das Mutterland der guten Form bleibt, sondern weil eben der englisch sprechende Teil der Welt dem Rest des Planeten in der Erkennung und Benennung gesellschaftlicher Phänomene immer einen Schritt voraus geht. Aus dieser Sphäre stammt auch ein Fachausdruck, dem wir uns bereits im zweiten Teil des Buches widmen, nämlich der des *Social Timing*, womit die Gesamtheit der Regeln über die korrekten Ankunfts- (und Abgangs-)Zeiten für alle möglichen Anlässe bezeichnet wird. Die Schule des Social Timing illustriert zugleich einen anderen Umstand im Hinblick auf Benimmregeln: Manche Fragen ändern sich nie – aber die Antworten. Damit der Leser die Antworten noch schneller findet, ist dieses Handbuch mit einem umfassenden Register ausgestattet – und trotzdem passt es auch in Taschen, die kleiner sind als die der Olsen Twins.

Und wenn doch mal ein Fauxpas passiert ist? Dann halten Sie sich am besten an die Regel, die Buckingham Palace bei Protokollverstößen vorschreibt: ignorieren – ignorieren – ignorieren. Der eigentliche Fehltritt des amerikanischen Präsidenten George W. Bush, der Königin Elizabeth II. bei deren Besuch in den Vereinigten Staaten im Jahre 2007 durch einen Versprecher attestierte, dass sie bereits die Gründung der USA im Jahre 1776 mitgefeiert habe, bestand ja darin, dass er über diesen Ausrutscher nicht einfach hinwegging, wie es die Etikette verlangt hätte, sondern den Fauxpas noch verstärkte durch den Hinweis (nach einem Blick auf die

Queen): »She gave me a look that only a mother could give a child.« Worauf die Queen offenbar murmelte: »Oh dear!« – und *Oh dear!* ist so ziemlich das Schlimmste, was die Queen *jemals* sagt. Dann hat ihr auch noch Mickey Rooney die Hand geküsst. Die Arme hat ganz schön was durchmachen müssen, so viel steht fest.

Wie auf so vielen Feldern, sollte auch in Fragen der Umgangsform niemals der Anschein der Bemühtheit erweckt werden; statt *Trying Too Hard* sollte *Lächelnd Über Leichen* Ihre Attitüde werden, das heißt: wenn mal was schief gegangen ist (und wem passiert das nicht), nichts anmerken lassen und lächeln – lächeln – lächeln, wie eine Nonne mit Gehirnerschütterung. Oder, wie ich zu meinem Ehemann zu sagen pflege: »Wir leben einfach weiter – und essen!« Apropos Ehemann: Wenn Sie Glück haben, verfügen Sie über ein aufmerksames Umfeld, das bei Ausrutschern korrigierend eingreift. Ich selbst – wenn ich zum Ende dieses kurzen Geleitworts ausnahmsweise noch einmal auf mich selbst zurückkommen darf – habe Richie, meinen Ehemann, der – erwähnte ich das schon? – aus England kommt, dem Mutterland der guten Form, und mich gerne mit einem dicken Kind vergleicht, was in einer Schokoladenfabrik mit offenem Mund am Ende des Förderbands sitzt (so much for free lunches), und mich außerdem mit schöner Regelmäßigkeit rasch und relativ schmerzfrei vors Schienbein tritt, wenn er einen Fehltritt meinerseits befürchtet, und mich auch sonst in seiner dezenten Art auf kleine Ausrutscher hinweist. Zum Beispiel neulich, als ich mich wieder einmal von meinem verhältnismäßig starken Wettbewerbsinstinkt hinreißen ließ und mir auf der Neumünsterpost in Zürich ein Wettrennen mit einer Seniorin darum lieferte, wer zuerst den Automaten erreicht, der die Wartenummern ausgibt. »Stimmt was nicht?«, erkundigte ich mich keuchend bei meinem Ehemann, indem ich das Nummernzettelchen triumphierend in die Höhe reckte (mit dem anderen Arm hielt ich die heftigen Widerstand leistende Seniorin im Polizeigriff), »du wirkst ein wenig geistesabwesend, Dickie.«

»Ich brauche nur eben zwei Minuten«, erwiderte der beste Ehemann von allen, »um schnell deine schlechten Eigenschaften gegen deine guten abzuwägen und zu sehen, ob sich der Aufwand mit dir weiterhin lohnt.«

»Da wirst du zu keinem objektiven Ergebnis kommen, Kleines«, gab ich zu bedenken. »Deine extreme Zuneigung für mich macht dich blind.«

Damit will ich sagen: Hören Sie auf Menschen, die Ihnen nahe stehen. Ansonsten: Hören Sie auf dieses Buch. Und hämmern Sie sich ein: Es gibt keinen Free Lunch! Das gilt natürlich nur bei gesamtwirtschaftlicher Betrachtung. Auf der individuellen Ebene, welche, ob man dies nun beklagenswert findet oder nicht, den Menschen oft am meisten interessiert, sieht die Sache anders aus. Wenn ich ausnahmsweise mein eigenes Leben als Referenz heranziehe, so ist, seitdem ich vor fast zwei Jahrzehnten die No-Free-Lunch-Maxime zum ersten Mal im Auditorium Maximum der Hochschule St. Gallen hörte, die Anzahl von kostenfreien Mittagessen in meinem Dasein geradezu explodiert, so dass ich neulich über einem

(kostenfreien) Crab Salad im Restaurant »Blvd« des Four Seasons Beverly Wilshire zu meinem Ehemann sagte: »Hmm, hoffentlich sind wir nicht auf der dunklen Seite der Macht gelandet … Richie, wenn du mich dabei ertappst, wie ich allmählich meine Gefühle auf eine fette Perserkatze projiziere und immer häufiger irre lachend einen Globus anstarre, sag Bescheid!«

Und damit schließe ich das Vorwort. Aber nicht, ohne mich für die fabelhaften und treffenden Illustrationen bei Daniel Müller zu bedanken, die aus diesem kleinen Vademecum viel mehr machen als einen Wegweiser durch die gesellschaftliche Wildnis der Gegenwart, nämlich: ein Juwel, ein Überlebenshandbuch und einen unentbehrlichen Begleiter – die perfekte Gabe für Jung und Alt, Freund und Feind, Damen und Herren, Bettler und Könige.

Das letzte Wort hat Thomas Mann, einer der wenigen Schriftsteller mit wahrhaft geschliffenen Umgangsformen – auch wenn die Thomas-Mannsche Höflichkeit bisweilen etwas entschieden Eisiges hatte. Thomas Mann wusste auch, dass das Leben in seinen Typenschöpfungen nicht verschwenderisch ist. Oder, in den Worten der famosen Essayistin Fran Lebowitz: »People, even at the current rate of inflation – in fact, people especially at the current rate of inflation – are quite simply a dime a dozen.« Dies ist keine gleichmacherische, sondern vielmehr eine ziemlich aristokratische Einsicht: Herr Mann und Frau Lebowitz sagen hier nichts anderes, als dass das Leben bestimmte Sphären eisern voneinander trennt. So ist die Menschheit angelegt, nach diesem Plan entwickeln sich die Dinge, und in gewissen Zirkeln hilft Ihnen Ihre gesamte gute gutbürgerliche Kinderstube, deren Umgangsformen auf Rücksichtnahme und auf Geben und Nehmen ausgerichtet sind – gar nichts. Stattdessen hilft Ihnen dieses Büchlein, das umstandslos anerkennt, dass in Teilen der Gesellschaft, besonders in jenen, die gemeinhin als die besseren bezeichnet werden, andere Gesetze gelten. Oder wie Thomas Mann, dem wir ja das letzte Wort lassen wollten, es ausdrückt: »Aber es gibt eine Höhe, gibt kecke und jenseitige Regionen des Lebens, in welchen es bereits wieder freisteht, zu tun, was in tieferen Sphären besudeln und entehren würde.«

TEIL 1

Die Kunst der Konversation

I.

WIE BEGINNT MAN EINE KONVERSATION?

Die Unterhaltung ist der Anfang von allem, jedenfalls in Gesellschaft. Es ist eine Horrorvorstellung für die Schüchternen und gesellschaftlich weniger Versierten unter uns, auf dem Botschaftsempfang zum österreichischen Nationalfeiertag oder der Wohltätigkeitstombola zugunsten des Streichelzoos in Bichlbach zu stehen und nicht die geringste Ahnung zu haben, was man zu Dita van Moneybags sagen könnte, die einem zufällig gegenübersteht. Dabei ist die Grundregel ganz einfach: Man sollte über was Leichtes, doch Anspruchsvolles reden und dabei, wie immer in Gesellschaft, Klischees und Tabus vermeiden.

Die Liste von Small-Talk Tabus ist älter als die Bibel, aber wesentlich kürzer. Tabu-Themen sind: Politik, Religion, Einkom-

men, Körperfunktionen, Sex. Immer wieder ist versucht worden, von dieser Liste etwas abzuziehen oder ihr etwas hinzuzufügen – ohne Erfolg. Nach Auffassung mancher Leute zum Beispiel gehören heutzutage auch Implantate oder Krankheiten auf den Index der verbotenen Themen. Andererseits sind Implantate oder Nasenkorrekturen in unserer Zeit in vielen Zirkeln ein beliebtes Konversationsthema (sofern es sich um die Implantate und Korrekturen bei anderen Leuten handelt) – und was die Krankheiten angeht: eine einigermaßen interessante Allergie gehört ohne weiteres zu den Safe Conversation Topics. Ein nässendes Furunkel hingegen nicht.

Geeignete Gesprächsanknüpfungen

Nun wissen Sie, worüber Sie *nicht* reden sollten – aber das hilft Ihnen immer noch nicht, Dita van Moneybags in eine leichte, aber anspruchsvolle Plauderei einzuspannen. Deshalb finden Sie hier eine ganz konkrete Hilfestellung. Die folgenden Sätze zur Gesprächsanknüpfung brechen garantiert das Eis und machen Sie zur interessantesten Person auf jedem Anlass (es sei denn, Freddie Ljungberg ist auch noch anwesend):

1.
»Wussten Sie, dass immer mehr Tierärzte Antidepressiva für Hunde verschreiben – so genanntes Puppy Prozac?«

2.
»Wussten Sie, dass man mittags schneller betrunken wird als abends? Das liegt daran, dass die Leber am Mittag zusätzlich mit den Kohlehydraten beschäftigt ist.«

3.
»Wäre es nicht großartig, wenn es Handtaschen mit Innenbeleuchtung gäbe?« *(nicht bei Geschäftsleuten anwenden)*

4.
»Haben Sie schon den neuen französischen Rugby-Kalender gesehen?« *(nicht bei Geschäftsleuten anwenden)*

5.
»Finden Sie nicht auch, dass Paul McCartney immer mehr aussieht wie eine alte Frau?« *(nicht bei Paul McCartney oder alten Frauen anwenden)*

Aufrechterhaltung von Unterhaltungen

Wenn der Anfang getan ist, geht es darum, die Konversation am Leben zu erhalten – wenigstens für die gesellschaftlich sanktionierte Small-Talk-Länge von fünf Minuten. Lassen Sie sich nicht täuschen: Fünf Minuten können eine Ewigkeit sein. Die ganze Hindenburg ist abgebrannt in fünf Minuten. Für die Aufrechterhaltung von Unterhaltungen bedienen Sie sich am besten eines Tricks, der seit Jahrhunderten von allen Königshäusern des Abendlandes praktiziert wird, um Gespräche mit ihren Untertanen durchzustehen: Sie beginnen mit einer Standardfrage, beispielsweise »Ich hörte, Sie sind nach Australien ausgewandert, wann war das?«, und formulieren dann aus jeder Antwort eine neue Frage, zum Beispiel: »1983? War das nicht das Jahr, in dem Renée & Renato in den Charts waren?«

Ein Sonderfall, da wir gerade bei Königshäusern sind, ist der, dass Sie mit Ihrem Lebenspartner / Ihrem Ehegatten / Ihrer besseren Hälfte eine Unterhaltung aufrechterhalten müssen, und damit meinen wir nicht: beim gemeinsamen Abendessen auf Sandringham, sondern: in der Öffentlichkeit. Wir sind selbstverständlich hier der Auffassung, dass ehelicher Zwist nicht in die Öffentlichkeit gehört, aber selbst wenn Sie sich nicht gerade gezankt haben (und auch wenn Sie ein vollkommen harmonisches Paar sind), ist es nicht immer leicht, coram publico als Paar einen animierten und harmonischen Eindruck zu machen. Falls Sie also auf der Premiere der soundsovielten Neuinszenierung von Brechts *Dreigroschenoper* aus gutem Grund gelangweilt und pissed off nebeneinander stehen, aber jede Menge Fotografen und Bekanntschaften mit Argusaugen um Sie herum lauern, greifen Sie einfach auf einen Trick zurück, der

aus dem Repertoire des Herzogs und der Herzogin von Windsor stammt: Sagen Sie sich gegenseitig das Alphabet ins Ohr. Das klappt immer.

Überbrückung von peinlichen Gesprächspausen

Es passiert bei Unterhaltungen, gerade wenn mehrere Personen an ihnen teilnehmen, immer wieder, dass jemand etwas Unpassendes sagt – oft ohne dies zu ahnen. Sie sprechen zum Beispiel mit Bert und Annie gerade friedlich und flüssig über Polohandicaps, und dann tut Dolores van Smissen irgendeine Bemerkung, die unbeabsichtigt das Gefühlsleben von Bert beeinträchtigt oder – ebenso unbeabsichtigt – für Annie eine Indiskretion bedeutet. In solchen Momenten tritt oft unweigerlich eine Pause ein, die Sie sofort füllen sollten. Hier gilt der Grundsatz: Beinahe nichts ist dafür zu platt oder absurd. Ich selbst habe stets einen zurechtgelegten kleinen

Kanon von Peinlichkeitsbrücken in petto. Meist zeige ich in unbestimmte Richtung und sage: »Da! Karl Lagerfeld!« Das ist praktisch immer ausreichend, um das Gespräch umzulenken.

Warnung

Wenn auch bei flüchtigen gesellschaftlichen Bekanntschaften (und in beinahe allen anderen Fällen) die grundsätzliche Regel gilt: Irgendwas zu sagen ist besser, als gar nichts zu sagen, und wenn auch die obige Tabu-Themen-Liste zeitlos und abschließend ist, so gilt es doch immer wieder, sich vor Augen zu halten, dass man viel schneller ein Tabu verletzen kann, als man denkt. Diesen Sachverhalt illustrieren die folgenden Beispielsätze, mit denen Sie unter gar keinen Umständen ein Gespräch anknüpfen sollten:

1.

»Wussten Sie, dass bis zu zehn Prozent aller Neuverheirateten einen Ehevertrag schließen?« *(verletzte Tabus: Politik und Einkommen)*

2.

»Wussten Sie, dass sich ein Vater viel weniger für sein Kind interessiert, wenn die dazu gehörige Mutter nicht mehr mit dem Vater schlafen will?« *(verletztes Tabu: Sex)*

3.

»Hier riecht es so nach Poison – sind Sie das?« *(verletztes Tabu: Körperfunktionen)*

4.

Bitte, bedenken Sie, dass sich das Small-Talk-Religionstabu in unserer erlösungsfixierten Wellness-Gesellschaft auch auf Kabbala / Buddhismus / die Weisheiten des Dalai Lama / die Weisheiten Ihres tibetischen Vajrayana-Yogi erstreckt. So faszinierend diese Lehren für Sie auch sein mögen – andere könnten sie langweilen. Das ist das Herrliche an der Religionsfreiheit! Das Sprechen über (vermeintliche) Spiritualität ist genauso *middle class* wie das Sprechen über Drogen, denn dahinter steht eine typische Middle-Class-Anschauung: dass irgendein Mensch mit Guru-Bart und Kastenzeichen per se mehr spirituelle Einsicht habe als ein Börsenmakler. – Falls Ihnen hingegen gerade Ihr tobagischer Swami weggelaufen ist, weil er dachte, in Ihrem Telefon wohne ein Dämon, so fällt das unter Personalprobleme und ist ohne Weiteres smalltalktauglich.

11.

ZUM UMGANG MIT SNOBS

»Wir gehen nach Mailand zur Versace-Schau.«

»Wirklich? Dann musst du Donatella von mir grüßen.«

Klingt Ihnen das vertraut? Das Schema, meine ich. Das Schema der obigen Zwei-Linien-Konversation geht so: Jemand gibt an, und das Gegenüber setzt noch eins drauf. Und, machen wir uns nichts vor: Das ist der Grundton auf allen möglichen gesellschaftlichen Anlässen, egal, ob sie ein Triple A oder ein Triple C verdienen, egal, ob sie im Sportheim von Mörfelden-Walldorf oder im Monte Carlo Sporting Club stattfinden – die Mittel mögen variieren, aber im Umgang mit halbflüchtigen gesellschaftlichen Bekanntschaften geht es in Unterhaltungen meistens darum, das Gegenüber zu übertrumpfen. Das Leben ist nun mal ein Wettbewerb.

Besonders in einer Welt von Snobs. Und der Snob ist nicht mit den achtziger Jahren ausgestorben, im Gegenteil: Die Anzahl von Snobs nimmt ständig zu.

Social Topping

In Fachkreisen wird das gegenseitige Aufschaukeln im Krieg der Worte als *Social Topping* (ST) bezeichnet. Die gängigen Übertrumpfungsfelder des Social Topping sind dabei die folgenden: 1. Geld und die damit zusammenhängenden Möglichkeiten (Beispiel: Sie erwähnen Ihre Villa in Antibes, Ihr Gegenüber kontert mit einem Palazzo in Venedig). 2. Die soziale Vernetzung und die damit zusammenhängenden Möglichkeiten (Beispiel: »Liza und David haben uns First-Class-Tickets zu ihrer Hochzeit geschickt.« »Oh wirklich? Wir gehen auch, aber Donald holt uns mit dem G4 ab.«). 3. Die physische Attraktivität (Beispiel: »Seitdem ich mich nur noch von dem Grünzeug ernähre, was unter Bootsrümpfen wächst, fühle ich mich viel vitaler!« »Oh wirklich? Ja, irgendwie siehst auch nicht mehr so blass aus.«). 4. Abenteuer und Erlebnisse, inklusive Krankheitserlebnissen (Beispiel: »Du wirst nicht glauben, was uns neulich beim Heliskiing in Aspen passiert ist …« »Oh wirklich? Das erinnert mich an die Geschichte von meinem Unfall beim Wasserpolo in Saint-Jean-Cap-Ferrat …«).

Natürlich ist jede erdenkliche Mischform vorstellbar. Wenn Ihnen etwa eine Dame der Gesellschaft auf einem Stehempfang zugunsten der Ursula-Andress-Stifung erzählt, dass sie durch eine gute Freundin in Holmby Hills einen Termin für ein chemisches Peeling bei diesem phantastischen Dermatologen am Rodeo Drive ergattern konnte, wonach sie allerdings infolge geringerer Komplikationen zwei Wochen lang jedes Sonnenlicht meiden musste, aber das habe sich gelohnt, denn jetzt besitze sie wieder den Teint einer 20-Jährigen – dann hat besagte Dame mit ihrer kleinen Geschichte gleich alle vier Kategorien des Social Topping auf einmal erledigt.

Woran erkennen Sie Snobs?

Der Wortbedeutung nach ist ein Snob ein Vornehm- oder Wichtigtuer. Ein bisschen Aufschneiderei ist allerdings legitim, gehört zum gesellschaftlichen Handwerk und hat, wenn es nicht ganz plump gemacht wird, nebenbei in der Regel auch noch Informations- und Unterhaltungswert. Es kommt einfach darauf an, eine bestimmte Grenze nicht zu überschreiten, die in Fachkreisen als *Social Boasting Limit* (SBL) bekannt ist und jenseits derer die penetrante Protzerei beginnt. Die beginnt nicht selten aus Verlegenheit. Weil ja in Gesellschaft der Zwang zur Konversation besteht. Das Herstellen von Konversation ist eine Kunst, und so wird von manchen Leuten der scheinbar einfache Ausweg der Angeberei gewählt, was natürlich sehr unmanierlich ist. Solche Leute begrüßen einen gerne mit der Frage: »Und, was machen Sie so?« – eine der schlimmsten Unhöflichkeiten in Gesellschaft, weil es erstens intrusiv und wertend klingt. Und zweitens oft genug den Frager die Antwort gar nicht interessiert, sondern nur als Aufhänger für eine angeberische Schilderung der eigenen Tätigkeitsfelder dient.

Aber so wie es eben wenige gesegnete Geschöpfe gibt, die in Gesellschaft nie was falsch machen, und dann uns, die wir gelegentlich den einen oder anderen Fauxpas hinlegen, so gibt es leider auch immer wieder den einen oder anderen Charakter mit angeborener Taktlosigkeit (fachsprachlich bezeichnet als *Brick Dropper* oder BD) und obsessiven Übertrumpfer. Doch wie erkennt man den? Ziemlich leicht: Der zwanghafte Prahlhans erwähnt auch flüchtigen oder frischen Bekanntschaften gegenüber überproportional häufig Preise, Kosten, Namen, Marken. Sein Grundton hat, wenn er über irgendetwas anderes als sich selbst spricht, oft einen leicht abschätzigen Klang, und er kann Komplimente und Anerkennung in der Regel nur so äußern, dass darin eine pejorative Implikation über einen früheren Zustand liegt (wie im obigen Beispiel: »Du siehst großartig aus. Nicht mehr so blass.«). Und was heißt »überproportional häufig«? Das heißt: im Grunde andauernd.

Strategien gegen Wichtigtuerei

Wie nun sollten Sie im Sinne eines konversationellen Krisen-Managements reagieren, wenn Sie an einen notorischen Aufschneider geraten? Nehmen wir das Beispiel des Name Dropping. Name Dropping ist eine Social-Topping-Unsitte, die sich genauso ausbreitet wie jene gesellschaftliche Unsicherheit, die es motiviert. Sie stehen also auf einer Schiffstaufe oder Donatellas Gartenparty einer Person gegenüber, die andauernd irgendwelche Namen fallen lässt, womöglich sogar noch in der besonders irritierenden und extrem angeberischen Variante, die sich auf bekannte oder halbwegs be-

kannte Personen ausschließlich auf Vornamenbasis ohne jeden klärenden Zusatz bezieht, in der Art wie: »Also, gestern war ich bei Dee Dee, und dann kam zufällig Bill vorbei …« Einen derartigen Gesprächsgegner bewältigen Sie am besten, indem Sie jedes Mal, wenn ein Vorname genannt wird, fragen: »Dee Dee Wer?« Wenn Ihr Gegenüber dann den Nachnamen nennt, murmeln Sie ein vages, betonungsloses »Oh«. Falls Sie das einige Zeit durchhalten können, werden Sie sehen: auch dem hartnäckigsten Name Dropper vergeht das Vergnügen.

Neigt Ihr Gegenüber hingegen eher zum Social Topping des Typs 4 (auch bekannt als Anekdoten-Topping, eine besonders gefürchtete und oft in Seniorenresidenzen vorkommende Abart des sozialen Angebertums) – dann ist ein vages »Oh« genau die falsche Strategie. Hier müssen Sie stärkere Geschütze auffahren. Wenn Sie also bei der nächsten Filmpremiere schon wieder von diesem lang-

weiligen alten Colonel monopolisiert werden, der so gerne Bürgerkriegsanekdoten aus dem vorchristlichen Mexiko zum Besten gibt, sagen Sie, während er quasi noch Luft holt: »Ist das die Geschichte von Ihrem früheren Leben in Mittelamerika, die sie mir vor ein paar Tagen erzählt haben?« Und wenn, wider Erwarten, auch darauf noch kein Abbruch erfolgt, drehen Sie den Spieß einfach um, indem Sie nach den ersten Sätzen unterbrechen mit: »Das klingt so faszinierend – aber ich fürchte, ich belege Sie hier mit Beschlag, und Sie kommen gar nicht dazu, sich den anderen Gästen zu widmen. Ich sollte ohnehin mal kurz den Waschraum aufsuchen. Ich fühle mich nicht besonders gut heute. Ich muss … einen Stein ausscheiden. Wiedersehen.«

Ziemlich effizient ist es auch, dem Gegenüber die explizite Zusammenfassung der mit seiner Angeber-Anekdote beabsichtigten Botschaft als Stopper zu servieren. So können Sie zum Beispiel, nachdem Ihnen jemand erzählt hat, wie er gegen die Empfehlung seines Finanzberaters seine ImClone-Aktien behielt und damit ein Vermögen machte, erwidern: »Das wundert mich nicht. Sie sind ja auch furchtbar smart.« Allerdings müssen Sie sich dafür die Angebergeschichte erst einmal anhören, und dies kann ein echtes Opfer sein. Sie können natürlich auch schon früher unterbrechen, indem Sie völlig beziehungslos einen Einwurf machen, der gleichzeitig gezielt ein Konversationstabu verletzt (was in diesem Falle ausnahmsweise erlaubt ist), so dass es dem Aufschneider (wenigstens für einige Zeit) unmöglich sein sollte, zu seiner Anekdote zurückzufinden. Indem Sie beispielsweise sagen: »Das ist ein hübscher Anzug. Welche Bundweite ist das?«

Money Snobs und Social Snobs

Von Elsa Maxwell stammt die Unterscheidung zwischen »Money Snobs« und »Social Snobs« sowie die Empfehlung, jeden Snob quasi von vornherein zu stoppen, indem man, bildlich gesprochen, eine spitze Nadel in jene Region piekt, die bei ihm am meisten aufgebläht ist. In Bezug auf Social Snobs oder Name Dropper unterscheiden sich Elsas Ratschläge nicht von jenen, die wir oben aufgeführt haben; mit Blick auf Money Snobs, die nur über Preise, Geschäfte und Einkommen reden, hingegen empfiehlt Frau Maxwell einen abrupten Themenwechsel auf ein Feld, von dem die allermeisten Money Snobs in der Regel gar nichts verstehen: Literatur. Klassische Literatur, möchten wir ergänzend hinzufugen, denn von keinem normalen Menschen kann erwartet werden, sich über zeitgenössische Literatur zu unterhalten, auch nicht in der schlimmsten Gesellschaft. Die meisten Money Snobs kennen sich einigermaßen aus auf dem Gebiet der Malerei und Plastik, insofern als man Kunstwerke dieser Kategorien in kurzer Zeit optisch erfassen kann und sie einen Preis haben, also als Investition verstanden werden können. Auf dem Felde der Literatur hingegen sind sie regelmäßig verloren, denn man braucht nun einmal mehr als 45 Minuten auf dem Treppenstufensimulator, um *Krieg und Frieden* zu lesen. Also verstummen sie.

Apropos verstummen. Selbstverständlich können Sie auch auf einen vernichtenden nonverbalen Klassiker zurückgreifen, um

Ihrem Vis-à-vis deutlich zu machen, dass dessen letzte aufschneiderische Bemerkung einfach zu langweilig war, um eine Antwort zu verdienen: Schweigen Sie. Ganz recht: Starren Sie die Gegenseite frontal an und schweigen Sie. Wir alle sind so an das ewige Plappern gewöhnt, das dies zutiefst irritierend wirkt. Falls Sie das zu ruppig finden oder nicht sicher sind, ob Sie die Nerven dafür aufbringen können, warten Sie einfach ab, bis Ihr Gegenüber mal einen Punkt macht oder Atem schöpft, und dann sagen Sie: »Gut.« Nicht mehr. Sie werden überrascht sein, wie effektiv das ist.

Humor als Waffe gegen Snobs

Jeder Abwehrversuch verbaler Protzerei ist unweigerlich ein bisschen ruppig, aber plumpes Aufschneidertum ist schließlich noch viel ruppiger! Natürlich ist auch in diesem gesellschaftlichen Dilemma der mit Humor und Ironie gepflasterte Pfad wieder der eleganteste Ausweg – und wie immer ist es dafür egal, ob die Gegenseite die Ironie auch versteht. Rüsten Sie sich also mit Phantasie, und wenn Sie das nächste Mal aufgrund eines Unfalls beim Wasserpolo Ihren Arm in einer Louis-Vuitton-Schlinge tragen müssen und schon völlig mit den Nerven am Ende sind, weil alle Leute angesichts Ihres Malheurs sofort anfangen, ihre eigenen Übertrumpfungsmalheurgeschichten zu erzählen: Halswirbeltraumen, komplizierte Dreifachfrakturen, verrutschtes Rückgrat und so weiter, dann sagen Sie einfach: »Moment. Ich war noch nicht fertig. Der Arm ist noch gar nichts. Was die Ärzte wirklich erstaunte, waren die zwei Kugeln, die sie nebenbei in meiner Schulter fanden.« Und wenn der langweilige alte Colonel wieder unbedingt die Geschichte loswerden will, wie er bei seiner Kenia-Safari in Begleitung von

Prinzessin Elizabeth anno 52 dem Löwen ins Auge blickte oder irgendein neureicher Hanswurst Ihnen zum soundsovielten Male seinen letzten Immobilienspekulationsgewinn aus irgendeinem phantastischen Deal vorrechnet, antworten Sie mit: »Oh ja, fabelhaft. Das ist mir letztes Jahr zwei Mal passiert.« Natürlich ist das

absurd und niemand wird Ihnen glauben, aber der Verstummungseffekt ist, besonders wenn ein größeres Publikum zuhört, beträchtlich und das Signal an den Blagueur eindeutig.

Warnung

Zum Schluss die übliche Warnung: Falls Sie sich selbst ein kleines Aufschneiden dann und wann nicht verkneifen können, verzichten Sie wenigstens und jedenfalls darauf, mit folgenden Sachen anzugeben: 1. Drogenkonsum; 2. phänomenalem Sexualleben; 3. Bekanntschaften im deutschen Hochadel. Diese Dinge sind in der besseren Gesellschaft nämlich schlecht beleumundet. Genauer gesagt: das Reden über diese Dinge.

Extra-Warnung

Wenn Sie bei Snobs eingeladen sind, wird Ihnen gerne das Gästebuch serviert. Der Eintrag ins Gästebuch ist ein Test, wie die korrekte Aussprache von *Foie Gras* oder die Konfrontation mit Taxifahrern, die erwarten, dass Sie Ihren Koffer selbst in den Kofferraum hieven (tun Sie dies unter gar keinen Umständen). Grundsätzlich gilt: Eine simple Unterschrift ist das Beste – es sei denn, Sie sind unglaublich originell und witzig, aber wer ist das schon? Vielleicht 15 Personen weltweit.

Verzichten Sie auf Kommentare, Oden, oder peinliche und abgeschmackte Lobpreisungen Ihrer Gastgeber (eine persönliche Bedankung sollten Sie sich für den Dankesbrief aufheben). Verzichten Sie auch auf Eintragung Ihrer Adresse oder Hinterlassung Ihrer Mobiltelefonnummer. Der einstige britische Premierminister John Major brachte nicht nur sich selbst, sondern das gesamte Vereinigte Königreich in Verlegenheit, als er ins Gästebuch der Botschaft Ihrer Majestät in Riad eintrug: John Major, 10 Downing Street, London, SW1 A2AA.

Es ist natürlich sehr unhöflich, einen Eintrag ins Gästebuch abzulehnen, aber der kultivierte Gast beschränkt sich schon deshalb mit Vorteil auf eine schlichte Unterschrift, weil viele Gastgeber, besonders Social Snobs, ihren Besuch heutzutage bereits zum Gästebuch führen, wenn man bloß zum Lunch bei ihnen war. Die nach wie vor gültige Grundregel lautet hingegen: Ein Eintrag im Gästebuch entspricht nur dann der Etikette, wenn man über Nacht geblieben ist. Insofern können Sie im Falle eines Gastgebers, der Sie zu einem Eintrag nötigt, auch wenn Sie bei ihm nur mal dringend den Waschraum benutzen mussten, das Gästebuch anschließend zuklappen. Denn das bedeutet, dass Sie nicht wiederkommen.

III.

DIE KUNST DES ABWIMMELNS

Neulich saß ich mit meiner Freundin Dagmar im Restaurant Borchardt in Berlin beim Lunch. Jeder in der Stadt weiß, dass die Qualität des Essens nicht zu den obersten fünf Gründen gehört, ins Borchardt zu gehen, und so kam es, dass Daggi ungefähr die Hälfte ihrer Graupenrolle auf dem Teller ließ. »Oh«, sagte der Kellner, »hat's nicht geschmeckt?« »Doch, doch!«, antwortete Daggi, »es war nur ein wenig viel.«

Das war natürlich nicht wahr. Aber ökonomisch. Wie viele harmlose Lügen (fachsprachlich *white lies* genannt). Denn wieso sollte man sich auf eine weitere Diskussion mit dem Servierpersonal einlassen, indem man ihm erklärt, dass man die Hälfte seines Essens auf dem Teller ließ, weil es einfach nicht besonders gut war?

Das tun nur notorische Rappenspalter, die hoffen, ihr Geld wieder zu kriegen. Und wir aßen auf Spesen (fachsprachlich: *free lunch*).

Abwimmeln von Personal

Erfahrene Servicekräfte erkennen die freundliche Lüge und insistieren nicht weiter. Auf diese Weise kommen beide Seiten gut aus einer potenziell konfliktträchtigen Situation wieder raus. Das ist der Paradefall für geglücktes Abwimmeln. Abwimmeln ist sowieso ein Begriff, der viel zu häufig negativ konnotiert ist, dabei handelt es sich idealerweise bloß um die schonende Beendigung sozialer Interaktion unter möglichst minimalen Verlusten für alle Beteiligten.

Genauso hätte das auch die Verkäuferin bei Armani am Paradeplatz in Zürich lösen können, wohin ich mich eigentlich nur vor einem plötzlich einsetzenden Herbstregen geflüchtet hatte. Dann dachte ich, da ich schon mal da bin, könnte ich gleich noch die Winterjacken durchsehen, was ich tat, aber mir gefiel nichts so recht. »Gefällt er Ihnen nicht?«, fragte mich die unvermittelt aufgetauchte Verkäuferin mit der Figur einer Puppe, als ich eine Art Duffle Coat wieder zurückhängte. »Doch, doch«, log ich, »es ist nur nicht die richtige Größe dabei.« Wenn die Armani-Dame nun nur ein wenig meiner Intonation und Körpersprache gefolgt wäre, hätte sie die Lüge erkannt und die Sache auf sich beruhen lassen. Stattdessen sagte sie freundlich: »Vielleicht haben wir hinten noch was. Ich gehe mal nachschauen.« Das war wirklich hilfsbereit von ihr, aber damit verlängerte sie die Situation nur unnötig und zwang mich, einen Asthmaanfall vorzutäuschen, um das Geschäft verlassen zu können.

Abwimmeln in Gesellschaft

Die obenstehende Armani-Anekdote gleicht schon ziemlich dem gesellschaftlichen Standardnotfall: Man muss entkommen. Zum Beispiel werden Sie auf irgendeiner Buchvernissage oder Autobahnabschnittseröffnung von irgendeiner sterbenslangweiligen Bekanntschaft besetzt, der Sie sich durch eine populäre *Standard Escape Line* (SEL) zu entziehen suchen, nämlich: »Ich geh mir mal was zu trinken holen« – und die sterbenslangweilige Bekanntschaft erwidert: »Ohh, wundervoll, bringen Sie mir was mit!« Schon stecken Sie im Schlamassel. Und damit sind wir bereits bei der zweiten Gruppe von Abzuwimmelnden und auch schon auf der zweiten Stufe der Schwierigkeitsskala. Während nämlich die erste Gruppe durch Menschen gebildet wird, die man rein professionell loswerden kann, also etwa Kellner, Verkäufer, Handelsvertreter, Versicherungsagenten oder Nonnen mit Schnauzbärten, die für den Flying Doctors' Service in Simbabwe sammeln – handelt es sich bei der zweiten Gruppe um Personen, die Sie zwar im Einzelfall kaum kennen mögen, denen sie aber gesellschaftlich mehr oder weniger offiziell vorgestellt worden sind.

Das heißt: Bei Gruppe 1 können Sie viel weniger Rücksicht nehmen und zur Not einfach Ihre Haustür wieder zumachen (obschon Sie bei den Nonnen dafür später möglicherweise in die Hölle kommen). Und selbst wenn Sie im Falle von Gruppe 1 Ihrem Mitleids- oder Was-auch-immer-Impuls nachgeben, sind Sie bestenfalls nachher um ein paar Enzyklopädien oder Cholera-Versicherungen reicher – oder schlimmstenfalls gefesselt, geknebelt und beraubt. Was immer noch meilenweit besser ist als einen ganzen Stehempfang lang an der Seite eines Langweilers durchhalten zu müssen.

Denn jede Party hat mindestens einen notorischen Langweiler zu bieten, den obligaten OCB (= *One Crashing Bore*), auch bekannt als *Heavy Furniture* (oder, zwischen mir und dem besten Ehemann von allen, als *Horse Tranquilizer*). Um so einen Vertreter der Gruppe 2 abzuwimmeln, müssen Sie stärkere und zugleich trickreichere Geschütze auffahren. Die anspruchsvollste Lösung besteht darin, die lästige Begleitung mit einem Abschied loszuwerden, auf den die Klette unmöglich mit Anschluss reagieren kann, ohne ihrerseits merkwürdig zu wirken, indem Sie zum Beispiel sagen: »Und nun entschuldigen Sie mich. Ich muss mir im ersten Stock mal die Schlafzimmeraufteilung ansehen.« Der Nachteil an dieser Strategie ist allerdings, dass Sie *selbst* dann meistens *ebenfalls* merkwürdig wirken (falls Ihnen das was ausmacht). Eine einfachere, aber auch erheblich risikoreichere Variante besteht darin, dass Sie sich so unangenehm wie möglich präsentieren. Entweder Sie werden unangenehm zudringlich, indem Sie beispielsweise fortwährend die soziale Distanz von 45 Zentimetern verletzen, oder Sie machen Ihrem Gegenüber irritierende Komplimente (indem Sie etwa zu Sabine Christiansen sagen: »Ich bin so froh, dass Sie endlich etwas zugenommen haben!«). Oder Sie sprechen einfach ausführlich über Ihre letzte Herpes-Infektion. Der Nachteil dieser Strategie ist allerdings wiederum, dass Sie selbst dann möglicherweise ein wenig soziopathisch wirken (falls Ihnen das was ausmacht). Der zweite Nachteil ist, dass es Leute gibt, denen das gefällt.

Der sicherste Ausweg, um jemanden aus Gruppe 2 wieder loszuwerden, wird seit Verbreitung des Mobiltelefons praktiziert, hat aber nichts von seiner Kraft verloren: Sie simulieren einen Anruf beziehungsweise entschuldigen sich nach Empfang einer fiktiven Textnachricht mit dem Hinweis, dass Sie dringend telefonieren müssten, etwa nach folgendem Muster: »Verzeihen Sie, ich sehe gerade, ich muss sofort die Notaufnahme anrufen. Die U-Bahn hat plötzlich gebremst, und mein Bruder ist mit seinem Finger im Ohr eines alten Mannes gelandet.« Diese Abwimmelstrategie verstößt zwar durch Einsatz des Mobiltelefons gegen die gesellschaftliche Etikette und ist überdies mit groben Lügen verbunden, aber eines sollten Sie an dieser Stelle schon gelernt haben: Keine Scheu vor Lügen, auch nicht vor groben!

Abwimmeln von Familienangehörigen und Dates

Wir kommen zu Gruppe 3. Dies ist die schwierigste Gruppe von Abzuwimmelnden, denn ihre Vertreter arbeiten mit Schuld und appellieren an unser schlechtes Gewissen. Gruppe 3 umfasst unter anderem: Familienmitglieder (vor allem Eltern), abgelegte oder abzulegende Liebhaber sowie Tante Gretel, die nach der Weihnachtsfeier partout nicht nach Hause gehen will. Also Leute, dic Ihnen im Grunde mehr oder weniger nahe stehen oder wenigstens standen. Zur letzteren Kategorie gehört etwa die Person, mit der Sie gestern Abend ein wirklich schreckliches Date hatten und die nichts Eiligeres zu tun hat, als heute gleich wieder anzurufen. In diesem Fall ist es völlig legitim, so beschäftigt wie möglich zu erscheinen. Das heißt: Keine Ausflucht ist hier zu absurd. Ihre Cousine hat Flecktyphus, Sie bereiten sich auf die Führerscheinprüfung vor oder müssen dringend mit dem Hund raus (nach der Höflichkeit in absteigender Reihenfolge).

Noch heikler ist der Fall, wenn die Person Sie tatsächlich einige Zeit lang interessiert hat. Neuerdings ist ja DOTD die Mode, und das steht für *Drop On Third Date*. Schließlich muss man sich ja erst mal prüfen. Und manche Leute halten einfach keiner näheren Inspektion stand, obschon sie aus der Ferne ganz attraktiv wirken (so wie manche Städte vom Flugzeug aus nett aussehen und die Hölle sind, wenn man sie zu Fuß durchquert). Nun also müssen Sie so eine Person herabstufen von PP (*Privileged Position*) zu AA (*Average Acquaintance*), wobei Sie als höflicher Mensch natürlich Rücksicht auf deren Gefühle nehmen. Das heißt: Selbst wenn Sie dieser Person aufgrund irgendeines Vorfalls (zum Beispiel abweichender Meinungen zu Saddam Hussein oder Britney Spears) plötzlich vollkommen gleichgültig gegenüberstehen, sollten Sie nicht einfach sagen: Geh zum Teufel. (Sie könnten schon, aber das gibt schlechtes Karma, und das werden Sie nie wieder los.) Stattdessen ist es immer am geschicktesten, der Zielperson die Illusion zu verschaffen, diese selbst habe den Kontakt reduziert. Die Wege dorthin sind mannigfaltig, beinhalten aber sämtlich, dass Sie sich wieder mal ein klein wenig daneben benehmen müssen; es geht leider nicht anders.

Öffnen Sie zum Beispiel Ihrem abzulegenden Date zum vereinbarten Zeitpunkt mit Lockenwicklern im Haar die Haustüre, wobei Ihr Gesicht vollständig mit dicker grüner Paste bedeckt ist. (Herren tragen statt der Lockenwickler ein T-Shirt mit der Aufschrift *Thank God I'm a VIP*.) Oder kommen Sie stundenlang zu

spät zu Ihrer Verabredung. Oder sagen Sie in letzter Minute ab, nachdem Ihr Date ewig für die José-Carreras-Karten angestanden hat. Oder sprechen Sie von Kindern, Ehe und Literatur (schreckt Männer ab – außer solche vom Typ Giovanni di Lorenzo) oder von Aktienkursen, Geländewagen und Eishockey (schreckt Frauen ab – außer solche vom Typ Gertrud Höhler). Beschreiben Sie in plastischen Einzelheiten den Verlauf Ihres Kampfes gegen Orangenhaut, oder schildern Sie, welche Mühen Sie bisher ohne Erfolg auf sich genommen haben, weil Ihre Spermien zu spärlich und zu träge sind. Lassen Sie Ihre Augen beim kleinsten Anlass mit Tränen volllaufen (wirkt bei Frauen und Männern gleichermaßen abschreckend und wird Ihnen leicht fallen, wenn Sie Ihr Date hinreichend unausstehlich finden). Und so weiter. Bedenken Sie jedoch zweierlei. Erstens: Es gibt Grenzen. Zum Beispiel gehört es sich unter keinen Umständen, eine Beziehung per SMS zu beenden. Zweitens: Wenn Ihr Gegenüber sämtliche Abwimmelübungen mit Haltung hinnimmt und verkraftet – denken Sie noch mal drüber nach! Vielleicht haben Sie hier den idealen Partner gefunden!

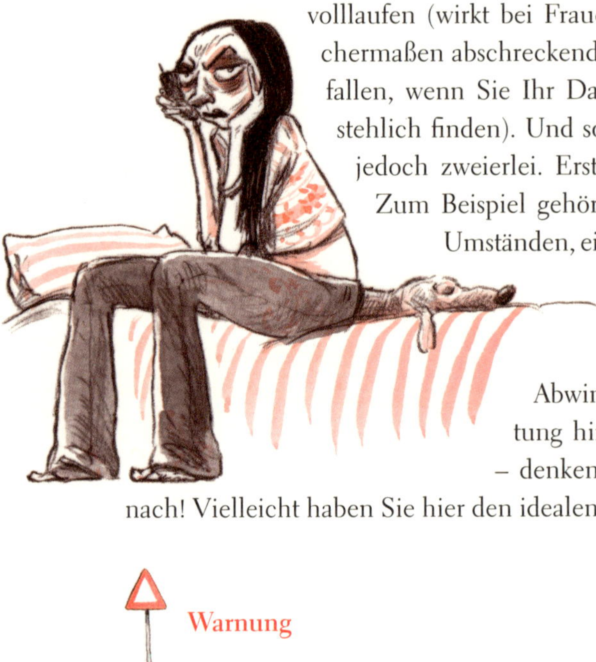

Warnung

Mit der Zeit werden Sie eine prächtige Routine in der Übung des Abwimmelns entwickeln. Aber egal, ob Sie nun die Zeugen Jehovas oder Ihren Schwippschwager Eckart verscheuchen – wie bei allen Disziplinen gilt: Lassen Sie sich nicht hinreißen. Werden Sie nicht übermütig. Sonst verkehrt sich die Arbeitsersparnis durch Lüge in ihr Gegenteil. Das ist meiner Freundin Franzi passiert, die neulich beim Gang durch den Prenzlauer Berg von einem dieser üblichen Zeitungsverkäufer angehalten wurde, der ihr die neueste Ausgabe von *Straßenfeger*, *Motzmann* oder *Trunkenbold* anbot. Worauf Franzi leichtfertig zur billigsten Lüge griff, nämlich: »Danke, die hab ich gestern schon gekauft!« Worauf wiederum der Verkäufer, der aus irgendeinem Grunde einen Blumentopf mit einer einzigen Blume unter seinem anderen Arm trug, ebendiese Blume ausriss und sie Franzi überreichte mit den Worten: »Dann sag ich schönen Dank!« War das echtes Gefühl oder ein besonders abgefeimter Antiabwimmeltrick? Egal. Jedenfalls hielt Franzi zwei Straßen weiter den nächsten Randständigen an und kaufte ihm alle Zeitungen ab, die er mit sich führte.

IV.

WANN IST LÜGEN ERLAUBT?

Wir erlebten in den bisher beschriebenen gesellschaftlichen Situationen schon gelegentlich den Fall, dass es erforderlich wurde, die Unwahrheit zu sagen. Die Frage nach der Wahrheit, in der manche Leute ein moralisches Problem erkennen, ist aber so wichtig, dass wir ihr hier ein eigenes Kapitel widmen wollen.

Auf die Frage *Wann ist Lügen erlaubt?* antworten wir grundsätzlich: immer. So schockierend dies vielleicht zunächst für Sie klingen mag: Lügen ist immer erlaubt. Außer vor Gott und vor Gericht (und vor der großen Liebe, die eine Mischung aus beidem ist). Mit Lügen kann man Menschen nicht nur schonen, sondern auch unterhalten. Das heißt: Aufrichtigkeit gehört nicht zu den gesellschaftlichen Qualitäten.

Sachen, die vorzutäuschen okay ist

Es ist also, um Schaden oder unnötige Komplikationen abzuwenden, im gesellschaftlichen, im freundschaftlichen und erst recht im familiären Umgang vollkommen akzeptabel, Zustände und Gefühle zu simulieren, zum Beispiel Ihre Begeisterung für die neuen, schlecht sitzenden 7-For-All-Mankind-Jeans Ihrer Freundin Elaine oder perlendes Gelächter, wenn Ihre Mutter Sie fragt, ob Sie schon wieder zugenommen haben (und wann Sie endlich mal was aus sich machen). Oder perlendes Gelächter über einen Witz, den Sie schon kennen (Achtung – nichts für Anfänger!).

Mit der gleichen Legitimation können Sie *Sachverhalte* vortäuschen, zum Beispiel Sonnenbräune, um attraktiver auszusehen (auch dies erfordert Übung, sonst sehen Sie aus wie Flavio Briatore, was unangenehm ist, besonders, wenn Sie im Grunde eine Frau sind) oder eine völlig konfliktfreie Beziehung mit Ihrem Lebenspartner, wenn Ihr Bruder mit seiner Gattin zu Besuch kommt. Oder den Besitz einer Yacht, um Ihre alte Rivalin Kimora zum Verstummen zu bringen. Oder eine exotische Allergie, um eine Dinner-Party-Konversation interessanter zu gestalten (in fact: *alles*, um eine Dinner-Party-Konversation interessanter zu gestalten).

Es ist auch nichts dagegen zu sagen, eine kleine Erkältung zu simulieren, um einer Verabredung mit Tante Doris zu entgehen. Meinetwegen können Sie Ihrer Tante Doris auch erzählen, Sie seien Freiwilliger im Kampfmittelbeseitigungsdienst und müssten in Schaffhausen eine Fliegerbombe aus dem Zweiten Weltkrieg entschärfen und könnten deshalb nicht an ihren Buchclubabend kommen. So wie ich das gemacht habe. (Idealerweise schlagen Sie Tante Doris gleich bei derselben Gelegenheit einen vollkommen unrealistischen Ausweichtermin vor, dann sind *Sie* quasi die abge-

sagte Partei und müssen überhaupt kein schlechtes Gewissen bei *Ihrer* nächsten Absage haben.)

Für manche Berufsstände ist das systematische, permanente Vortäuschen sogar ein Muss, zum Beispiel das Vortäuschen von Freundlichkeit, sofern man im Service arbeitet (ich hoffe, das liest die Bedienung des Restaurants *La Salle* an der Schiffbaustrasse in Zürich).

Dinge, die Sie nie erwähnen sollten

Ob Schweigen unter Lügen fällt, ist eine philosophische Frage, an der schon Heroen und Heilige verblutet sind. Uns interessiert sie hier nicht weiter. Wir möchten stattdessen darauf hinweisen, dass es selbstverständlich Dinge gibt, die am besten für immer versiegelt bleiben. Wir alle wissen ja, dass man einen falschen Namen angeben sollte, wenn man im Kino Karten reserviert oder die Helpline für Geschlechtskrankheiten anruft. Oder ein falsches Alter in praktisch sämtlichen Situationen. Aber darüber hinaus gibt es Sachver-

halte, die Sie auch dem engsten Umfeld gegenüber unter allen Umständen verschleiern und schlechterdings niemandem anvertrauen sollten, abgesehen von Ihrem geliebten Lebenspartner natürlich. Es sind dies zum Beispiel:

1.
Ihre Präsidentschaft des Kim-Wilde-Fanclubs 1985–87 (und am besten überhaupt gleich alles, was in den achtziger Jahren passiert ist)

2.
die Anzahl der Leute, mit denen Sie was hatten (jedenfalls sofern diese Zahl nahe an der Lotto-Jackpot-Gewinnzahl liegt)

3.
die Anzahl der Leute, mit denen Sie was hatten, und es sind Fotos davon im Internet

4.
dass Sie gar nicht betrunken waren, als Sie sich mit diesem Totenschädel tätowieren ließen, dem ein Wurm aus der Augenhöhle kriecht

5.
dass Sie in der Schule mal Läuse hatten (viele Menschen reagieren darauf leider voller Vorurteile)

6.
dass Sie mal Polizist(in) und/oder Balletttänzer(in) werden wollten

7.
dass der Mechaniker im Jahre 1989 gar nicht eigenmächtig diese verdunkelten Treser-Heckleuchten an Ihrem VW Golf angebracht hat

Warnung

Wie üblich zum Schluss ein kleines Caveat: Simulationen sind eine gefährliche Waffe – gebrauchen Sie sie nicht leichtfertig. Rufen Sie sich den bewährten juristischen Grundsatz der Verhältnismäßigkeit ins Gedächtnis. Es lohnt sich nicht, das eigene Ableben vorzutäuschen, nur um Tante Doris niemals wiedersehen zu müssen. Und darüber hinaus sollten Sie keinesfalls folgende drei Dinge vortäuschen:

1.

Kennerschaft für Wein. Vorgetäuscht oder nicht: Nichts schreit lauter *Verlierer* als irgendsoein Depp mit Fliege, der erklärt, der Tropfen habe im Abgang einen Hauch von Schokolade, was an den wurzelechten Reben liege. Sie wirken viel sympathischer, wenn Sie zugeben, dass Sie *alles* runtergurgeln, solange es nur in der Kehle tüchtig brennt. Oder, in den Worten von Fran Lebowitz: »Great people talk about ideas, average people talk about things, and small people talk about wine.«

2.

Kennerschaft für zeitgenössische deutschsprachige Literatur (schließlich haben Sie so was wie ein Leben).

3.

Spätere Geburtsdaten Ihrer Großeltern, damit Sie jünger wirken. (Schließlich haben Sie so was wie Würde. Außerdem müssen Sie für die Manipulation von Omas Grabstein erst mal einen Steinmetz unter Drogen setzen. Und die vertragen 'ne Menge!)

V.

HUMOR UND DISKRETION

Die Einstellung der Geschlechter zu Fragen des Humors ist grundsätzlich unterschiedlich. Während Frauen regelmäßig angeben, dass ihnen Humor bei einem potenziellen Partner wichtig ist, geben Männer an, dass ihnen bei einer potenziellen Partnerin hübsche Beine wichtig sind. Ich für meinen Teil muss sagen, dass ich immer ein wenig skeptisch bin bei diesem Humor-ist-mir-wichtig-Argument. Wenn Humor nämlich wirklich so sexy wäre, hätte Woody Allen nicht seine Adoptivtocher heiraten müssen.

Humor in der Ehe

Die Sache mit den hübschen Beinen hingegen leuchtet ohne weiteres ein. Also muss man sich doch erst mal fragen: Wieso sollte man als Frau einen Mann überhaupt zum Lachen bringen wollen? Ist das nicht Zeitverschwendung (jedenfalls wenn man wohlgeformte Beine hat)? Nun, vielleicht nicht, wenn man mit besagtem Mann in einer langjährigen Beziehung lebt. Es sind nämlich genau vier Faktoren, die langjährige Beziehungen zusammenhalten, und zwar: 1. physische Nähe, 2. gegenseitiger Respekt, 3. das Fehlen wirtschaftlicher Abhängigkeiten sowie 4. Humor, vor allem sogenannte private Scherze, also solche, die eigentlich nur der Lebenspartner versteht, oft genug mit einem Wort. (Zur Not lassen sich auch ein paar dieser vier Punkte durch gemeinsamen Konsum ersetzen oder auch durch einsamen Konsum von Branntwein, aber darum geht es im Augenblick nicht. Lesen Sie dazu bitte das Kapitel »Wie hält man Gesellschaft ohne Alkohol aus?« in Teil 2 dieses Buches.)

Humor und Dating

Private Scherze stellen sich allerdings in einer stabilen Beziehung aufgrund der ergänzenden Wesensverwandtschaft der Temperamente, die immer die Grundvoraussetzung für langfristige Bindungen ist (nebst der Voraussetzung, dass man überhaupt ein Temperament *hat*), von selbst ein. Das heißt, hier versucht eigentlich auch niemand, den anderen zum Lachen zu bringen. Derartige Bemühungen fallen hingegen meist in die sogenannte Beziehungsanbahnungsphase, die ja für den vielfach belasteten modernen

Menschen gut und gerne den Hauptteil seines Lebens ausmachen kann. Hier nun allerdings muss man wirklich aufpassen: Es gibt, völlig unabhängig von ihrer Geschlechtszugehörigkeit, kaum was Peinlicheres als Leute, die komisch sein wollen, es aber nicht sind. Auch wenn Sie damals im Ferienlager der katholischen Landjugend als Pausenclown beliebt waren und noch heute auf keinen Kalauer in der Teeküche Ihres Großraumbüros verzichten, sind Sie noch lange nicht zum Alleinunterhalter berufen. Beziehungsweise zur Alleinunterhalterin.

Wie also bringen Sie Ihr Date zum Lachen? Auch das hängt vom Geschlecht ab. Die inhaltliche Spannbreite dessen, was Männer komisch finden, ist groß: Es gibt Männer, die finden schräge Hüte witzig. Oder Alf. Oder Hunde mit Sonnenbrille. Und es gibt Männer, die über Bill Maher oder *Curb Your Enthusiasm* lachen. Dann gibt es auch noch Männer, die über *The Women*, *The Comeback* oder Joan Rivers lachen, und die nennt man homosexuell. Oder Roger Willemsen. Und schließlich gibt es Männer, die über Sachen lachen, die Frauen nicht so komisch finden, zum Beispiel Arztwitze oder übergroße Telefone. Natürlich gibt es auch ein paar Frauen, die über Arztwitze lachen, ebenso wie es ein paar Männer gibt, die Filme mit Susan Sarandon mögen, und die nennt man homosexuell. Andererseits gibt es auch wenige homosexuelle Männer, die übergroße Telefone und jeden in einem Hühnerkostüm lustig finden. Oder? Vielleicht sind das auch nur Richie und ich.

Aus dem, worüber Ihr Date lacht, können Sie wertvolle Rückschlüsse auf seinen Charakter ziehen.

Falls jemand Michael Herbig oder Mr Bean komisch findet, sollten Sie sich sofort verabschieden, (es sei denn, dieser Jemand sieht aus wie Reto Bucher). Wenn Ihre Verabredung sich köstlich über Loriot amüsiert, ist das tendenziell ein Zeichen für einen tiefen Testosteron-Spiegel. Was ja nicht schlecht sein muss. Sofern es sich um eine Frau handelt.

Das Prinzip des Humors

Jetzt denken Sie wahrscheinlich, herrje, das ist alles furchtbar kompliziert, aber keine Sorge. Die Grundregel der Komik klingt vielmehr, wie die meisten Grundregeln, geradezu banal: Komik ist, wie quasi alle Sachen im Leben, vor allem eine Frage des Timings. Es nützt nichts, die lustige Geschichte zu erzählen, wie Ihre Tante Kitty damals auf Bali in die Kanalisation gefallen ist, wenn Sie Ihr Lebenspartner verzweifelt anruft, weil er mitten in einem Wasserrohrbruch steht. Pointen müssen zur rechten Zeit geliefert werden. Wenn Ihnen zwanzig Minuten nach Verlassen des Geschäfts eine schlagfertige Antwort auf die schnippische Bemerkung der Verkäuferin zu Ihrer Taille einfällt, merken Sie sich diese fürs nächste Mal, anstatt sie an Ihrem Date auszuprobieren, dem Sie inzwischen gegenübersitzen.

Scherz beiseite

So wundervoll eine heitere Bemerkung zur rechten Zeit wirkt, so grauenvoll sind Humorversuche am falschen Ort. Lustig ist nicht immer schön oder gewollt. Und gewollt lustig ist nie schön. Es folgt nun die sogenannte Schwarze 13. Das ist die Liste jener Phänomene, bei denen Komik nicht am Platze ist. Ansonsten findet in Gesellschaft nach wie vor die PRICK-Regel Anwendung: Keine Scherze über Politik, Religion, Implantate, Clubs und Krankheiten. Weiterhin gilt: Über Minderheiten kann man dann am besten Witze machen, wenn man der fraglichen Minderheit angehört. Aber das garantiert immer noch nicht, dass die Pointe aufgeht. Damit zum Index. Nicht zum Gegenstand von Humorversuchen eignen sich:

1.

Ansagen auf Telefonbeantwortern

2.

Klingeltöne

3.

der Körper Ihres Lebenspartners (kleinere Scherze über körperliche Imperfektionen gehen frühestens nach fünf Jahren; größere nach 15 Jahren; jederzeit abzuraten ist von Scherzen über Haarverlust bei Herren und Orangenhaut bei Damen)

4.

die Familie Ihres Lebenspartners (Scherze über die Cousins, Cousinen, Onkel und Tanten Ihres Partners gehen frühestens nach fünf Jahren; Scherze über die Geschwister Ihres Partners erst, wenn Sie verheiratet sind; und im Falle Ihrer Schwiegermutter sollten Sie neutral bleiben wie die Schweiz. Bis ins Grab.)

5.
Sex

6.
der Procepia-Konsum Ihres besten Freundes (S. Punkt 3; bei Viagra-Konsum sind Scherze unproblematisch, es sei denn, Sie schlafen mit Ihrem besten Freund, dann gilt Punkt 5)

7.
Röntgenbilder (es sei denn, man ist zufällig Dr. Irving Finegarten)

8.
menschliches Elend und Leid (es gibt nämlich immer noch so was wie Anstand und Würde, obschon das Privatfernsehen dagegen ankämpft)

9.
Liebeserklärungen (wenn sich schon jemand ein Herz fasst und Ihnen seine Zuneigung gesteht, sollten Sie wenigstens die Grazie haben, den Antrag mit Respekt zu behandeln)

10.
Löhne (Wer wird schon gern verspottet, weil er pro Stunde weniger verdient als eine Selbstbedienungs-Sonnenbank?)

11.
die Schweiz (sofern man selbst aus Deutschland ist)

12.
jedes Land der Welt (sofern man selbst aus Deutschland ist)

13.
Namen (Leute mit komischen Namen haben in der Regel den passenden Scherz dazu schon ungefähr eine Million mal gehört, bevor sie Ihnen über den Weg liefen)

Warnung

Aus dem oben Gesagten folgt, dass es eigentlich am besten ist, wenn Ihr Date nicht nur über Ihre Pointen lacht, so herrlich diese auch sein mögen, sondern auch über sich selbst. Falls jemand eine komische Geschichte erzählt, bei der er selbst schlecht wegkommt, ist das immer ein gutes Zeichen. Allerdings ist auch hier eine Warnung angebracht: Selbstironie ist zwar die schönste Form der Eigenliebe, aber trotzdem eine ihrer Formen. Gerade Selbstironiker sind oft egozentrisch, launisch und schwierig. Fragen Sie mich nicht, woher ich das weiß.

VI.
SPRACHE UND KLASSE

Deutschland hat plötzlich wieder eine Unterschicht. Oder doch nicht? Na ja, wenigstens hatte Deutschland eine Debatte darüber, ob es akzeptabel sei, das Wort »Unterschicht« zu benutzen. Oder ob man eher »Prekariat«, »abgehängtes Prekariat« oder »Neue Unterschicht« sagen soll, um die Armen zu bezeichnen. Und ob Armut nun bedeute, dass man von Zigaretten, Alkohol und der Hoffnung auf einen Lottogewinn lebt (dann wäre ich auch arm) oder dass die Lebenssituation im Hinblick auf Arbeit, Bildung, Wohnen und Gesundheit wenig Chancen und Optionen bietet oder dass man durch sozialstaatliche Alimentierung und Verdummungsfernsehen kulturell verwahrlost ist.

Das hört sich verwirrend an und ist auch verwirrend – aber gemeinsam bleibt all diesen wissenschaftlichen, populärwissenschaftlichen und vulgärwissenschaftlichen Annäherungen an die Klassengesellschaft die Unterstellung einer mehr oder weniger deutlich ausgeprägten Korrelation von Einkommen und sozialem Status. Dabei ist dies weder theoretisch noch empirisch zwingend, vielleicht nicht einmal nahe liegend. Werfen wir einen Blick nach England. Dort ist, spätestens seit dem Ende des Zweiten Weltkrieges, die Frage der Klassen- bzw. Schichtzugehörigkeit einer Person von derjenigen ihres Einkommens vollkommen getrennt, und dieser Umstand wird von allen sozialen Milieus als Tatsache akzeptiert. England ist immerhin gleichzeitig das Land auf der Welt, wo der Adel noch am meisten zu sagen hat: Er hat einen institutionalisierten politischen Einfluss durch das House of Lords, und seine Anführerin, die Königin, besetzt die wichtigste Repräsentationsfunktion in der konstitutionellen Monarchie. Das heißt: Im Vereinigten Königreich ist das Klassendenken trotz Globalisierung und Internationalisierung nach wie vor ausgeprägt – bloß ist das prominenteste Kriterium, was der Engländer zur Kategorisierung seiner Landsleute in Upper Class, Middle Class und Working Class anwendet: deren Sprache.

U oder Nicht-U

Vor über 50 Jahren veröffentlichte Nancy Mitford in der britischen Zeitschrift *Encounter* ihren Artikel »The English Aristocracy«. Frau Mitford, Jahrgang 1904, wusste, wovon sie schrieb, denn sie war eines der berüchtigten Mitford-Geschwister, das älteste von sieben Kindern des 2. Baron Redesdale, Mitglied des britischen Oberhauses. Und die Grundaussage von Nancy Mitfords Essay über die englische Aristokratie ist, dass man die Mitglieder eben dieser Upper Class vor allem an ihrem Wortschatz erkennt, egal, ob sie in einem Anwesen namens Stratfied Saye oder in einer Sozialwohnung leben. Zum Zwecke der Unterscheidung bedient sich Nancy Mitford der Unterteilung des Vokabulars in »upper class« (U) und »non upper class« (non-U). Zum Beispiel sagt man, wenn man zur Upper Class gehört, nicht »toilet«, das wäre non-U, sondern »lavatory« oder »loo«. Eine Dame trägt nicht »perfume«, sondern »scent«. Man lebt nicht in einem »home«, sondern in einem »house« (auch wenn es sich dabei um eine Sozialwohnung handelt).

Obschon die englische Aristokratie inzwischen zu beträchtlichen Teilen entweder pleite, ausgestorben oder von Hedge-Fonds-Managern unterwandert ist, haben die vor über einem halben Jahrhundert von Frau Mitford beleuchteten Sprachregeln in der englischen Gesellschaft auch heute noch Gültigkeit. Es ist in den oberen Sphä-

ren des Vereinigten Königreichs immer noch ein Kapitalverbrechen, »toilet« zu sagen, und nach wie vor einer der bekanntesten etymologischen Klassenindikatoren ist das Wort »serviette« (non-U) anstelle von »napkin« (U).

Bei dieser Klassensprache geht es nicht um Manierismen und Höflichkeiten. Die Damen und Herren der Upper Class sagen nicht »Pardon?«, wenn sie ihr Gegenüber nicht verstanden haben, sondern: »What?« Sie sagen auch nicht »Pardon!«, wenn sie beim Vorübergehen jemanden versehentlich touchieren, sondern: »Sorry!« Sie sagen auch nicht »Pardon!«, nachdem sie einen Schluckauf bekamen, sondern: gar nichts. Euphemismen sind ebenfalls grundsätzlich kein Bestandteil des U-Codes. Nachdem Tante Millie das Zeitliche gesegnet hat, sagt man nicht: »she passed away«, das wäre non-U, sondern schlicht: »she died«. Diese von der Mittelklasse vielleicht gelegentlich als herablassend oder ruppig empfundene Ausdrucksweise ist nicht zuletzt darauf zurückzuführen, dass, wie Frau Mitford schreibt, die Upper Class gegen Scham immun ist, denn: »Scham ist ein bourgeoises Konzept«. Frau Mitford weist auch ausdrücklich darauf hin, dass es Vertreter der Upper Class gibt, die jede Art von korrekter Grammatik als *middle class* abtun. Übrigens sollte man daraus nicht schließen, dass es bei dieser sprachlichen Differenzierung vor allem um soziale Ab- und Ausgrenzung ginge. Ob die Sprache nun U oder non-U ist – sie ist in jedem Falle einfach das natürliche Idiom einer sozialen Schicht und dient vor allem als Medium der Kommunikation innerhalb dieser Schicht.

Die Sprache der Unterschicht

Der Engländer begreift die Sprache der Upper Class mit typisch angelsächsischem Pragmatismus weder als gut noch als schlecht, sondern als rein phänomenal. Nancy Mitfords Essay erschien 1956 zusammen mit der Arbeit des Philologen Alan Ross zu Upper-Class- und Non-Upper-Class-Englisch unter dem Titel *Noblesse Oblige* in Buchform, mit dem Untertitel: *An Inquiry into the Identifiable Characteristics of the English Aristocracy*. In der deutschen Übersetzung wurde 1995 daraus: »Böse Gedanken einer englischen Lady«. In der Wahl dieses gewiss lustig gemeinten Untertitels zeigt sich wieder die deutsche Haltung bei allen Schicht- und Klassenfragen, die das genaue Gegenteil des angelsächsischen Pragmatismus ist: Wer die reine Faktizität einer gesellschaftlichen Schichtung feststellt, ohne das mit gleichmacherischen Umsturzgedanken oder wenigstens Konzepten zur ausgleichenden Gerechtigkeit zu verbinden, ist tendenziell »böse«. Aber wer sagt eigentlich, dass man eine sprachliche Klassengrenze nicht auch im deutschsprachigen Raum ziehen könnte? Dies würde der gesamten ideologisierten Klassendiskussion eine völlig neue, faktische Richtung geben.

Natürlich spricht man im Zusammenhang mit der Unterschichtendebatte in Deutschland auch wieder über Sprache als Medium sozialer Distinktion. Allerdings sind damit in erster Linie akzentfreies Hochdeutsch und das unterschiedliche Prestige regionaler Mundarten gemeint. Wir betreten also Neuland, wenn wir im Folgenden einen ersten Ansatz zu einem Glossar der deutschsprachigen Unterschicht wagen wollen, wobei wir die Unterscheidung zwischen U-Vokabeln und Nicht-U-Vokabeln übernehmen, nur dass bei uns »U« nicht für »Upper Class« steht, sondern für »Unterschicht«. Das wäre also quasi genau umgekehrt wie bei Frau Mitford, deren Intuition und Sprachscheidungskriterien wir ansonsten folgen wollen. Namentlich folgen wir einem ihrer wichtigsten Grundgedanken: Kurzformen sind häufig Unterschichten-Code,

weil sich darin unnötige Hast bzw. Faulheit ausdrückt. Auf das Deutsche angewendet, heißt das: »Schampus« ist U (= Unterschicht), »Champagner« ist nicht-U; »Flieger« ist U, »Flugzeug« ist nicht-U; »AB« ist U, »Anrufbeantworter« ist nicht-U. Eine Geläufigkeit mit vermeintlichen Errungenschaften des modernen Lebens ist der Oberschicht mentalitätsmäßig sowieso hochgradig suspekt, und deshalb ist und bleibt das schlimmste Unterschichtswort: »Handy«. Hier kommt erschwerend hinzu, dass es sich auch noch um Idiotenenglisch handelt, und Idiotenenglisch liegt ebenfalls vor, wenn angelsächsische Vokabeln mit dem Geschlecht ihres vermeintlichen deutschen Pendants versehen werden, also beispielsweise: »die Mail« (oder, noch sinnloser: »die SMS«). Der sich darinnen ausdrückende Provinzialismus ist vollkommen U – ob das nun so im Duden steht oder nicht. Die korrespondierende Nicht-U-Variante lautet »das E-Mail« oder »das SMS« (streng genommen eigentlich: »die Textnachricht«).

Milieuspezifisches Unterschichtenvokabular

Nicht alle U-Worte haben jedoch ein eindeutiges Nicht-U-Äquivalent, zum Beispiel »Kult«, ein U-Ausdruck vor allem aus der Sphäre des Privatfernsehens. Das Privatfernsehen ist überhaupt als Brutstätte einer eigenen U-Sprache anzusehen, und während unsere obigen Beispiele eher allgemeinerer Natur waren, lassen sich auch milieuspezifische Unterschichten-Codes leicht identifizieren. Unlängst ist das *Lexikon der bedrohten Wörter* erschienen, das Begriffe wie »Yuppie« oder »Sättigungsbeilage« auflistet, die angeblich vom Aussterben bedroht sein sollen. Nachstehend wollen wir Ihnen einige Wörter und Wendungen ans Herz legen, deren Aussterben Sie unbedingt befördern sollten – es sei denn, Sie möchten für ein Mitglied folgender Personengruppen gelten:

1.

Angehörige bildungsferner Schichten, die vorwiegend im Talk-Fernsehen und in pseudokreativen Sparten der neuen und alten Medien tätig sind. In dieses Umfeld gehören Wendungen wie »die Chemie stimmt« oder »fit wie ein Turnschuh« (in Gebrauch bei Über-40-Jährigen) und Idiotinnen- und Idioten-Englisch-Bindestrichkonstruktionen wie »Single-Frau« sowie übriges Deppenzwitterenglisch (»abgespact«, »designt« usf.) und das unsägliche »Candlelight Dinner«. Ebenfalls hierher gehören die U-Worte »Knatsch« (RTL-Deutsch für »Ärger« / »Unfrieden« / »Streit«) und »knuffig« (RTL-Deutsch für »niedlich«) sowie Bindestrich-Steigerungen mit »mega-« oder »ober-«.

2.

Geschäftsreisende des mittleren Kaders, Werbefritzen aus Düsseldorf und Selbständige mit frechen Brillen. Aus dieser pseudodynamischen Sphäre stammen U-Vokabeln wie »aufschlagen« (für »ankommen«), »aufgleisen« (für »auf die Beine stellen«) und die entsetzliche »Powerfrau« (die meist, trotz Power, übergewichtig ist und natürlich eine freche Brille trägt). Verwahrlostes Business-Lingo sind auch »Bio Break« (für »Pinkelpause«), »Zeitfenster«, »Knackpunkt« sowie die Redewendungen »kein Thema« und »im grünen Bereich«, eine der abgeschmacktesten Metaphern aller Zeiten.

3.

Im roten Bereich bewegt sich oft auch die vermeintliche Kulturberichterstattung mit ihren pseudoaufklärerischen Bedenkenträgern und vielfach frustrierten Feuilletonisten. Der Jargon dieses Milieus ist zu erkennen an U-Worten wie »Vordenker«, »Querdenker«, »Dokudrama« oder, jeden Tag ungefähr siebzehn Mal bei Arte, 3-Sat oder im Deutschlandfunk zu hören: »kafkaesk«. Beliebt sind hier auch »Urgestein« (in Verwendungen wie »sozialdemokratisches Urgestein«) und Bindestrichkonstruktionen beginnend mit »Ausnahme-« (zum Beispiel »Ausnahme-Poet« oder »Ausnahme Athlet«) sowie monströse Verhunzungen, die irgendwie nach intellektuellem Slang klingen sollen, etwa »die Denke« (für, Nicht-U, »das Denken«) und »die Schreibe« (für, Nicht-U, »der Schreibstil«).

Sozialer Aufstieg durch die richtigen Worte?

Man kann die soziale Schichtung aufgrund der gesprochenen Sprache einem Bildungsdünkel zuschreiben oder snobistisch nennen, aber sie rekurriert zweifellos eher auf innere Werte als die Schichtung nach dem Einkommen oder der körperlichen Attraktivität. In der Tat ist in England die Sprache der Upper Class viel regelloser, unvorhersehbarer und freier als die der Middle Class, weil die dahinterstehende Attitüde mehr Selbstvertrauen hat (nicht: »Selbstbewusstsein«, denn das ist das Unterschichten-Äquivalent zu »Selbstvertrauen«. Im Englischen ist übrigens »self-conscious« das genaue Gegenteil zu »self-confident«, und so sollte es richtigerweise im Deutschen auch gehandhabt werden). Die Geisteshaltung der englischen Upper Class ist in dem Sinne aristokratisch, dass man sich einer (Führungs-)Verantwortung für die Gesellschaft bewusst ist, sich für Geld nicht interessiert und insbesondere persönliches Engagement nicht mit materiellen Anreizen verbindet. Ruinierte Adlige können in England ihr ganzes Leben ehrenamtlich in wohltätigen Komitees wirken und dann seelenruhig das Mobiliar ihres Landsitzes in Gloucestershire verkaufen, um die Public-School-Gebühren für die Kinder zu bezahlen. Nabobs sind *immer* Middle Class. Und das ist in Deutschland eigentlich nicht anders. Jedenfalls können wir nur schon mit Hilfe der wenigen oben aufgeführten Sprachbeispiele schlussfolgern, dass die Lufthansa Business Class zu einem nicht unerheblichen Teil von der Unterschicht bevölkert wird (von der ersten Klasse ganz zu schweigen).

Eine andere Frage ist freilich die der sozialen Mobilität. Der erwähnte Philologie-Professor Alan Ross vertrat die Auffassung, dass es in England für Außenstehende niemals vollständig zu schaffen sei, sich den Code der Upper Class anzueignen; die Ohren der Aristokratie sind so scharf, dass eine einzige falsche Vokabel, Phrase oder Betonung ausreicht, sich zu verraten. Man kann sich ein Leben lang abmühen und jagen und reiten und wohltätig sein, und dann wird man nach Althorp eingeladen und sagt dort einmal »note paper« statt »writing paper«, und schon ist alles aus. Diese strikte Barriere ist auch dafür verantwortlich, dass zum Beispiel jemand wie Margaret Thatcher, eine formell inzwischen zur Baroness aufgestiegene Krämerstochter, mit ihrem übermodulierten Posh Accent und ihren zu tiefen Hofknicksen in den höchsten Kreisen des Königreichs niemals die Etikette »NOCD« (= Not Our Class, Darling) losgeworden ist. Was die Baroness natürlich weiß, denn sie ist nicht dumm.

Das ist im deutschsprachigen Raum anders. Man muss nur aufmerksam zuhören und danach trachten, aus seiner eigenen Sprache alles Klischeehafte, alle Abkürzungen, sämtliche politisch korrekten Euphemismen und jede Form von Beklopptenenglisch zu verbannen. Und wenn Sie dann schließlich bei Starbucks am Düsseldorfer Flughafen stehen und Ihr PR-Berater kommt auf Sie zu und sagt: »Na, alles fit im Schritt? Ich hab schon dreimal auf dein Handy angerufen, war aber nur der AB dran, jedenfalls hab ich ne Mail bekommen, der Flieger geht erst um zwei, also alles im grünen Bereich!« – dann tun Sie einfach das, was Nancy Mitford als letzte Möglichkeit der Aristokratie bezeichnet hat: schweigen.

Exkurs: Haben Hissy Fits Klasse?

Seitdem immer mehr echte und vermeintliche Berühmtheiten herzhaft mit dem Telefon zuschlagen oder mit dem Regenschirm ausholen, scheint er gesellschaftsfähig und sogar glamourös geworden zu sein: der klassische *Hissy Fit*. Ein Hissy Fit (zusammengezogen aus »Hysterical Fit«) bezeichnet jenen kurzzeitigen, explosionsartigen und ziemlich unvernünftigen Anfall von Jähzorn, der sich regelmäßig an einer trivialen Ursache entzündet, zum Beispiel an dem Umstand, dass einem ein Popcornverkäufer mit Migrationshintergrund in einem Riesenkinokomplex anscheinend zu wenig Popcorn in den Eimer füllt. Am Phänomen des Hissy Fits zeigt sich eine weitere elementare Weisheit: In welchen zivilisatorischen Mantel es auch immer schlüpfen mag – das gemeine Wesen steht sehr schnell wieder nackt da.

So wichtig Hissy Fits unter Umständen für die individuelle Psychohygiene auch sein mögen – Erica Pappritz würde sie wahrscheinlich missbilligen. Frau Pappritz wäre also auch – und zwar mit Recht – nicht begeistert gewesen, als ich zu dem mutmaßlichen Inder am Popcornstand sagte: »Listen, Mahatma: Ein Anruf von mir – und du sitzt wieder auf dem Floß, mit dem du angeschwemmt wurdest! Leg da also lieber noch ’n Löffelchen Popcorn obendrauf!«

Frau Pappritz wäre nicht begeistert gewesen – und mein Ehemann, der beste von allen, war es auch nicht. Ja, es ist wahr, ich bin manchmal etwas unbeherrscht, und wenn ich nur die Hälfte von dem machte, was ich Serviertöchtern, Callcenteragenten und Politessen im Laufe meines Lebens bereits angedroht habe, wäre ich längst im Gefängnis. Mein Ehemann, der – erwähnte ich das schon? – aus England kommt, dem Mutterland der guten Form, und also in Bezug auf den *Public Display of Emotion* (PDE) Skrupel hat so groß wie Basketbälle, findet, ich hätte mit meiner unbeherrschten Art schon Elitesoldaten zum Weinen gebracht, und dies missfällt ihm sehr.

»Holy Toledo!«, sagte Richie nach meiner Popcorn-Attacke, »kriegst du alles mit, was du von dir gibst, oder hörst du nur ab und zu mal rein?«

»Es tut mir leid«, sagte ich sofort, »ich habe eine dumme Bemerkung über einen nachlässigen und faulen Popcornverkäufer gemacht. Weißt du, Kleines, ich bemühe mich ja immer, mit solchen Leuten in meiner besten Saccharin-PR-Stimme zu reden, als ob ich mit einem kleinen Tier spräche, aber manchmal muss ich mich nach dem Aufstehen schon beim Lunch mit unfähigem Servicepersonal rumschlagen, deshalb bin ich immer schon leicht verstimmt, wenn ich abends wieder das Haus verlasse, weshalb mir dann das Verständnis für Trottel fehlt, womit wir wieder bei dem Popcornverkäufer wären.«

»Weißt du was, Kleines«, erwiderte hierauf mein Ehemann, »dann solltest du vielleicht einfach das Haus nicht mehr verlassen. Am besten, du gehst zurück nach Phillycountry, wo bunte Vögelchen deinen Namen zwitschern und die Eichhörnchen deine Hosen bügeln.«

»Sind die Eichhörnchen ebenfalls bunt?«, fragte ich.

Aus dieser Anekdote lernen wir: Wenn Sie sich vom Jähzorn verleiten ließen und einen Hissy Fit aufs Parkett legten, sagen Sie: Es tut mir leid. Oder gehen Sie auf Entzug. Nein, ich spreche nicht von Drogen und Alkohol im engeren Sinne – obschon viele Genies Alkoholprobleme hatten: Hemingway, Larry

Hagman ... – wo war ich? Richtig: Unsere Gesellschaft ist besessen von dem tröstenden Gedanken, dass sich alles wieder ausbügeln lässt. Wir verschwinden zwei Wochen im Rehabilitationszentrum und auferstehen de-stressed, de-aged und de-toxed. Diese umfassende Rehab-Doktrin ist gewissermaßen die Antwort der kategorischen Wellnessgesellschaft auf das christliche Vergebungs- und Läuterungsideal. Unsere Gesellschaft verzeiht alles, von Angriffen mit Telefonen oder Regenschirmen über rekreationalen Substanzmissbrauch (und wir meinen: *jede* erdenkliche Substanz) bis zu homophoben Bemerkungen und eventuell Kriegsverbrechen, wenn Sie nur sagen, es tue Ihnen leid, und danach mindestens 14 Tage Rehab absolvieren. Allerdings kommt es auch hier, wie so oft, auf die richtige Adresse an. Es muss ein beleumundetes Institut sein. Es reicht also nicht, zur Tiefkühltherapie in die Slowakei zu verduften oder sich eine Blattgold-Maske bei Veronica in Malibu auflegen zu lassen oder nach ein paar Kohlendioxid-Injektionen noch an der organischen Saftbar im Spa des Hotels Bel Air rumzuhängen – nein, Sie müssen Rehab-Buße tun. Die vier besten Häuser dafür sind: 1. The Meadows, Wickenburg, Arizona; 2. Promises, Malibu, California; 3. Betty Ford Center, Rancho Mirage, California; 4. Hazelden, Center City, Minnesota. Denn nicht jeder hat die Gelassenheit des Popcorn-Verkäufers, der mir erklärte: »Ich wurde nicht mit dem Floß angeschwemmt. Ich bin Business Class hergeflogen. Mit Bonus-meilen.«

Der gute Rat zum Schluss

Wenn Sie auf die Reinheit Ihrer Sprache achten, achten Sie besonders auf Widersprüche. Unsere Welt ist voller Widersprüche. Einige sind nur mit erheblichen theoretischen Mühen aufzulösen, etwa der Widerspruch zwischen der Existenz Gottes und der Existenz von Übeln wie Armut oder Eva Herman. Andere stecken in einem einzigen Wort, wie »Damenfußball« oder »Nahostfriedensplan«. Und schließlich gibt es noch jene perfiden Paradoxien, die uns regelmäßig durch die sogenannte öffentliche Meinung oder durch die Boulevardpresse oder durch Werbeagenturen untergejubelt werden, obschon sie logisch unmöglich sind. Zum Beispiel:

· Praktische Louis-Vuitton-Handtasche
· Prada-Turnschuhe
· Versace-Jeans
· Fortschrittlicher Papst
· Lesbische Satirikerin
· Unkomplizierter Check-in
· Spamfreies E-Mail-Konto
· Schmerzfreie Geburt
· Verständnisvolle Mutter
· Charismatischer Formel-1-Pilot
· Spannende Weltraummission
· Deutsche Sitcom
· Neue Zürcher Zeitung

Hüten Sie sich davor, diese Figuren in Ihren aktiven Wortschatz zu übernehmen. Benutzen Sie stattdessen lieber wieder häufiger zu Unrecht in Vergessenheit geratene Siebziger-Jahre-Worte wie »prima«, »dufte«, »Krawallnudel« und »Rowdy«. Ein cooles Wort ist auch »fit« (sowohl für »gut« wie auch für »gut aussehend«).

VII.

ZUM UMGANG MIT REICHEN LEUTEN

Wer mit reichen Leuten umgeht, braucht besondere Feinfühligkeit. Der durchschnittliche Bewohner westlicher Demokratien ist betrüblicherweise eher unsensibel für die Schattenseiten des Glitzerlebens und brandmarkt die oberen Hunderttausend als konsumorientiert und oberflächlich. So was ist hässlich und ungerecht. Dass man ein Kundenkonto bei Jacob & Co. hat, ist nämlich noch keine Garantie für ein sorgenfreies Dasein.

Charakteristische Beschwerden reicher Leute

Damit Sie gerüstet sind für Ihre nächste Einladung auf die *Eclipse*, folgen zur Gewöhnung ein paar typische Klagen reicher Leute. Zusätzlicher Bonus: Als Erwiderung wird regelmäßig nicht viel mehr erwartet als »Oh Gott, das ist furchtbar«.

1.
»Mein Garten ist zu groß.«

2.
»Liechtenstein hat schon wieder die Postfachmiete erhöht.«

3.
»Ich wollte für UNICEF spenden, aber die Leute mit den Kleingelddosen haben meine schwarze American-Express-Karte nicht akzeptiert.«

4.
»Das Gartenbauamt Bel Air hat mir nicht gestattet, einen Pavillon in Form einer riesigen Ananas zu errichten.«

5.
»Kirstie Alley hat mir gestern am Buffet bei den People's Choice Awards sämtliche Sprinkles Cupcakes weggegessen.«

6.
»Wenn mein Fahrer mich abholt, riecht der Bentley immer nach McDonald's.«

7.
»Wohin soll ich mit den alten Smoking-Schuhen; die kann man ja nicht mal nach Afrika schicken.«

8.
»Die Bahamas wollen jetzt Einkommenssteuern einführen.«

9.
»Donatella hat mir schon wieder Flecken auf die Saffianpolster gemacht, als ich ihr den Jet das letzte Mal geliehen habe.«

10.
»Wir waren über Weihnachten auf Mustique, und alle Leute, denen wir entkommen wollten, waren auch da.«

11.
»Es gibt keinen organischen Gemüsemarkt in Aspen.«

12.
»Rachel! Ich hab nichts anzuziehen!«

Der gute Rat zum Schluss

Ob im Grill Room des Four Seasons oder beim Après-Ski in St. Moritz: Überall besteht dem Anschein nach die Haute Volée inzwischen vorwiegend aus russischen Oligarchen, Hedge-Fonds-Managern, deren WAGs (Wives And Girlfriends) sowie einigen Ex Trophy-Wives (ETROWs), die mittlerweile ihre eigene Modeschmucklinie bei QVC haben. Verwirrt von all den Akronymen? Das muss nicht sein! Merken Sie sich einfach: Die Kaste der Neuen Reichen oder New Social Rich (NSR) hat ihre eigenen Regeln. Ignorieren Sie diese auf eigene Gefahr. Oder beachten Sie die nachfolgenden zehn Gebote, damit Sie keinen Anstoß erregen im Milieu der Nerze und Narkotika.

1.
Du sollst nicht fragen, was das gekostet hat, wenn jemand dir seinen neuen Zobel / Aston Martin / Chauffeur zeigt.

2.
Du sollst nicht mit deinen Besitztümern protzen und damit, wie viel das Anwesen an der französischen Riviera wert ist.

3.
Du sollst Bekannte immer grüßen, egal wie flüchtig sie sind (und wie unausstehlich).

4.
Du sollst beim Daiquiri in der Polo Lounge nicht andauernd die Plätze wechsen.

5.
Du sollst nicht versuchen, Tisch 13 in der Kronenhalle zu reservieren mit dem Hinweis: »Wissen Sie nicht, wer ich bin?«

6.
Du sollst auch Millio-, Billio- und Gazillionäre dann und wann zum Essen einladen.

7.
Du sollst nicht fragen, ob dich im Herbst jemand im Gulfstream nach Nassau mitnimmt. Niemals. N. B.: Eine derartige Einladung, die abgegeben wird, während man frühmorgens im Waschraum des »Dracula« unter welchen Umständen auch immer Bekanntschaft schließt, ist null und nichtig.

8.

Du sollst nicht eigene Gäste unangemeldet zu anderer Leute Dinner Parties in fremden Chalets mitbringen.

9.

Du sollst keine Einladungen zu Dinner Parties annehmen, bei denen dich das Chalet mehr interessiert als die Gastgeber.

und als Bonus:

Das 10. Gebot: Du sollst Swarovski meiden.

Warnung

Sehr reiche und/oder sehr berühmte Menschen lassen sich – bedauerlicherweise – in ihrer Gesprächsführung mit anderen Menschen in der Regel durch ein hervorstechendes Merkmal kennzeichnen: Sie führen keine Gespräche mit anderen Menschen. Dies in dem Sinne, dass sie niemals, und ich meine: *niemals*, über irgendwelche Sachverhalte sprechen, die nicht mit ihnen selbst zu tun haben. Selbstverständlich ist das unmanierlich. Gänzlich inakzeptabel und obendrein ein wenig lächerlich jedoch ist ein solches Benehmen bei Leuten, die weder sehr reich noch sehr berühmt sind – und das sind schließlich die allermeisten, zum Beispiel dieser Kommunikationsdirektor eines süddeutschen Anziehsachenherstellers, der neulich bei einer Dinner Party im Neuberliner Grill Royal für etwa zwanzig Minuten neben mir saß. Ich kann nur sagen: Those twenty minutes were the nearest thing to eternal life we'll ever see on this planet.

TEIL 2

Die Kunst der Konvention

1.

SOCIAL TIMING

Alle vierzehn Tage gehen Richie, der beste Ehemann von allen, und ich die kommenden gesellschaftlichen Verpflichtungen durch. Wir sortieren, feilschen, debattieren, wann man wohin gehen müsse oder wolle und wie lange man dort zu bleiben habe. Denn so was ist heutzutage, wie vieles andere, auch nicht mehr so einfach wie früher. Zwar ist heute, wie früher, auch in gesellschaftlichen Belangen immer noch vieles eine Frage des richtigen Zeitpunkts – aber der richtige Zeitpunkt hat sich offenbar geändert.

Zur rechten Zeit am rechten Ort

Ich kann mich noch erinnern, als es bei Parties Mode war, möglichst spät aufzutauchen. Darauf folgte die Mode, möglichst früh zu erscheinen. Und heute scheint die Ankunftszeit bei gesellschaftlichen Anlässen, wie vieles andere, eher als individuelle Stilentscheidung behandelt zu werden. Doch natürlich gibt es immer noch Regeln. Obschon die gesellschaftliche Grundhaltung gegenüber Pünktlichkeit entspannter wirkt als jemals zuvor in der westlichen Kulturgeschichte, ist es immer noch unhöflich, (viel) zu spät zu kommen. Konkret bedeutet dies: Bei einer Party ohne Dinner (fachsprachlich *Drinks Party*) sollte man innerhalb einer halben Stunde nach der offiziellen Anfangszeit auftauchen. Bei einem Abendessen gibt es weniger Spielraum; hier sind zehn Minuten Verspätung das Maximum (es sei denn, man ruft an, weil man sich verlaufen hat, so wie ich neulich, als ich bei meinem Verleger zum Dinner eingeladen war).

Wenn man hingegen zu einem dieser unstrukturierten All-Evening-Anlässe mit Buffet Dinner und mindestens 75 Gästen eingeladen ist, die heutzutage einen immer größeren Teil der gesellschaftlichen Verpflichtungen ausmachen, kann man im Grunde jederzeit aufkreuzen – nur nicht zum planmäßigen Ende der Veranstaltung, denn das ist uncool. Uncool ist es auch, für die gesamte Dauer der Party auf derselben rumzuhängen. Schlechthin unhöflich (und sozial unbeholfen obendrein) dagegen bleibt es, zu früh zu kommen. Der Vorteil für Frühkommer besteht natürlich darin, dass die Canapé-Tabletts noch gut gefüllt sind, aber dies sollte bei guten Gastgebern sowieso zu jeder Zeit der Fall sein. Trotzdem gibt es notorische Zufrühkommer, zum Beispiel den britischen Musiker Jay Kay, auch bekannt als Jamiroquai. Jay Kay hat sich den Ruf erworben, regelmäßig aufzukreuzen, bevor die Party losgeht. Vielleicht liegt das an seiner Vorliebe für schnelle Autos. Jedenfalls ist dieses Timing der Grund dafür, weshalb Jay Kay es wahrscheinlich niemals schaffen wird, Hotelerbin Paris Hilton zu treffen, die bekannt dafür ist, aufzutauchen, wenn die Party vorbei ist. Niemals pünktlich ist übrigens auch Mick Jagger, der über das verfügt, was man einen »rock'n'roll sense of timing« nennt. Man kriegt eine Ahnung, was darunter zu verstehen ist, wenn man sich an den bekannten Ausspruch von Bassist Bill Wyman erinnert, der die Rolling Stones 1993 nach 31 Jahren verließ und auf die Frage, wie er seine Zeit in der Band zusammenfassen würde, antwortete: »Ungefähr fünf Jahre Spaß. Und ungefähr 20 Jahre Rumsitzen in der Hotellobby und auf die anderen warten.«

Lieber zu früh oder lieber zu spät? Oder lieber gar nicht?

Zu spät bleibt also weniger schlimm als zu früh – mit der einzigen Ausnahme der Einladung zum Essen. Hier ist zu früh zwar auch

unangebracht, denn dann ist man im Weg – zu spät hingegen bedeutet, dass man den Abend ruiniert, die anderen Gäste vor den Kopf gestoßen und den Gastgeber blamiert hat. Was also die Dinner Party angeht, so ist »niemals« unter Umständen sogar akzeptabler als »zu spät«. »Niemals« ohne Absage ist natürlich trotzdem ruppig. Auch heutzutage, wo sich durch Speed Dating, Myspace und anonyme Kuschelparties die Struktur von Verabredungen und Verbindlichkeiten geändert hat und die Palette von Zerstreuungsmöglichkeiten ins Unendliche ausgedehnt zu sein scheint, gilt immer noch die alte Grundregel aus den Zeiten unserer Eltern (und ihrer Eltern): Wenn man eine Einladung akzeptiert hat, taucht man auf, wenn nicht, dann nicht. Diese Grundregel bewegt sich in scharfem Gegensatz zur Praxis der sogenannten Einladungs-Optimierer, also jener immer größer werdenden Gästeschar, die jede Einladung erst mal akzeptiert, aber schließlich nur zu den Anlässen geht, die sie für die besten hält – übrigens auch dann, wenn sie gar nicht eingeladen ist. Auf eine Einladung gar nicht oder extrem kurzfristig zu reagieren, ist ebenso unhöflich. Und bei kurzfristiger Verhinderung ruft man an. Textnachrichten sind unzulässig. Sogar dann, wenn die Einladung selbst sehr kurzfristig (das heißt: weniger als zehn Tage vor dem Anlass) bei Ihnen eingetroffen ist, so dass Sie mit Fug und Recht vermuten dürfen, dass man Sie lediglich als *Fill-in Guest* (FIG) für eine bereits eingegangene Absage eingeladen hat.

Absagen und Entschuldigungen

Aber was sind heutzutage, im Zeitalter des Multi-Tasking und des flexiblen Menschen, überhaupt noch zulässige Entschuldigungen für das Absagen von Verabredungen und gesellschaftlichen Verpflichtungen? Natürlich richtet sich das immer noch nach der Bedeutung des Anlasses und der Nähe der Bekanntschaft. Deren Produkt bildet sozusagen den Verpflichtungsquotienten. Das heißt: Sie brauchen einen besseren Grund, um Ihre Teilnahme an der Hochzeit Ihres Bruders abzusagen als Ihre Anwesenheit bei einem Stehempfang zum neuen Buch von Susanne Fröhlich. Und die neuen Formen sozialer Engagements in der virtuellen Gesellschaft, zum Beispiel Chats oder Welteroberungsspielchen, haben den tiefsten Verpflichtungsquotienten von allen.

Dies vorausgeschickt, sollten Sie stets Entschuldigungen vermeiden, die so abgedroschen sind, dass schon Potiphars Weib sie praktizierte. Hierunter fallen vor allem plötzliche Erkältungen und Migränen oder ein fehlender Babysitter (besonders wenn man, wie Frau Potiphar, überhaupt keine Kinder hat). Denken Sie sich wenigstens originellere Krankheiten aus!

Speed Partying

Statt sich umständlich zu entschuldigen, ist es in der eventorientierten Nonstop-Gesellschaft ohnehin sozial viel effizienter, sich in der Kunstform des sogenannten *Speed Partying* zu üben: Man erscheint einigermaßen pünktlich zur Party, absolviert eine rasche strategische Runde, während deren man sich mit wenigstens zehn maßgeblichen Gästen sowie den Gastgebern unterhält, und springt dann wieder in die wartende Limousine, während die letzten Gäste gerade ankommen. Auf diese Weise kann man eine anspruchsvolle Karriere und ein gemütliches Familienleben mit einem übervollen Gesellschaftskalender verbinden, und alle sind zufrieden.

Speed Partying ist allerdings, wie gesagt, eine Kunstform, die nichts mit jener epigrammatischen Anwesenheit zu tun hat, mit der manche gesellschaftliche Nachwuchskraft, die spät kommt und früh geht und dazwischen möglichst bombastisch auftritt, glaubt, irgendwelchen Feenstaub auf einen Anlass sprenkeln zu können. Diese dubiose Praktik des *Brightly But Briefly* (kurz BBB) hat dafür gesorgt, dass etwa der Patentochter von Prinz Charles, Tara Palmer-Tomkinson (TPT), in der Londoner Gesellschaft kurzerhand das Prädikat »FOTD« (= *First Out The Door*) verliehen worden ist. Inwiefern sich das auf Frau Palmer-Tomkinsons Einladungszahl auswirkt, ist nicht bekannt. Eine Auszeichnung ist es jedenfalls nicht.

Übrigens muss Speed Partying nicht länger als 20 Minuten dauern, denn diese Zeitspanne ist immer noch die kürzestmögliche Aufenthaltsdauer bei einer Drinks Party oder jeder anderen Art von Empfang. Diese 20 Minuten absolviert man also am besten so, dass man mit den Gastgebern sprechen kann und ansonsten gut gesehen wird, d.h. zur sogenannten *Peak Viewing Time* (PVT), bevor der Anlass überfüllt und / oder jedermann betrunken oder sonstwie derangiert ist. Die Eruierung dieses idealen Zeitrahmens setzt einige gesellschafliche Erfahrung

voraus, aber es gibt Meister und Meisterinnen im perfekt geplanten Auftauchen, zum Beispiel die Schriftstellerin Plum Sykes oder das Model Elle Macpherson. Eine hervorragend modulierte Innere Party-Uhr (IPU) wird auch dem Ex-Roxy-Music-Sänger, Gesellschaftsveteranen und professionellen Dandy Bryan Ferry nachgesagt, der neulich in der englischen Gesellschaftspresse als »Londons elegantester Wanderarbeiter« apostrophiert wurde und während der kühleren Monate auf dem sozialen Karussell auch gerne mal seinen Mantel anbehält, was seinen gesellschaftlichen Zirkulationen zusätzlich diesen sophistizierten Ich-bin-hier-auf-dem-Nachhauseweg-eben-nur-mal-reingeschneit-Hauch verleiht.

Neue Zeitordnung fürs Dinner

Besondere Regeln gelten offenbar neuerdings für das Abendessen: Hier gerät es mehr und mehr in Mode, auf der Einladung zur Dinner Party rigorose Zeiten zu stipulieren (meist »strictly 7.30 for 8 pm«), und dann so kurz vor Mitternacht den ersten Gruß aus der Küche aufzutischen. Damit wird nun ausgerechnet in Bezug auf das Dinner eine Laxheit und Unverbindlichkeit zur Sitte, wie sie bisher höchstens auf irgendwelchen Fashion-Week-Einladungen anzutreffen war.

Das gute alte Abendessen, das um »8.15 sharp« zu beginnen pflegte, ist jedenfalls aus dem gesellschaftlichen Orientierungsrahmen quasi verschwunden. Stattdessen hat sich das Dinner von einer gut fundamentierten Institution in einen amorphen Blob verwandelt, der irgendwann gegen 9.30 Uhr beginnt, auch wenn der Gastgeber 8 Uhr angekündigt hat. Und das bedeutet fürchterlich viel Small Talk über den erratischen Türsteher vom Berghain oder Suzanne Sapersteins Abfindung. Trotzdem wird diese Nachlässigkeit allgemein toleriert, obschon sie eigentlich niemandem richtig passt – wie man an den begeisterten Reaktionen merkt, wenn man statt zum Dinner explizit zu einem sogenannten *Nursery Supper* einlädt, also einem ungezwungenen und sehr frühen Abendessen, das garantiert nicht später als 7.30 Uhr beginnt. Für alle anderen Fälle kann man nur empfehlen: Essen Sie vorher zuhause noch schnell ein Schmalzbrot.

Warnung

Abschließend der wichtigste Rat zum Social Timing: Bleiben Sie nicht zu lange. Nie. Beharrungsvermögen ist was Schönes, aber auf einer Drinks Party sollte der manierliche Gast sicherstellen, dass er seine Verabschiedungen spätestens zehn Minuten vor dem offiziellen Ende des Anlasses beendet hat. Leider gerät der hübsche abendländische Brauch eines offiziellen Partyendes immer mehr aus der Mode bzw. in Vergessenheit. In diesem Fall sollte man sich an die Faustregel halten, dass es Zeit wird, zu gehen, wenn nur noch rund zehn Prozent der Gäste anwesend sind. Oder an die noch ältere Faustregel: Jedes Zeichen von Müdigkeit auf der Seite der Gastgeber darf nicht übersehen werden.

Nach wie vor intakt ist auch die *Basic Rule of Social Timing* (BRST): Es gibt drei Kategorien von Anlässen, zu denen man *religiös* pünktlich kommen sollte:

1.

Hochzeiten. Die einzige Person, die hier zu spät sein darf, ist die Braut. (Merke: Es gibt *immer* eine Braut, egal, welche Konstellation sich heiratet. Und zwar immer *nur* eine.)

2.

Shooting Parties. Denn zu spät zu sein für den Beginn der Jagd, bedeutet: keine Einladung für die nächste Saison. Keine Entschuldigung ist gültig. (Und wenn Sie nach Hampshire oder Wootton oder Biddick zur Jagd geladen werden, lassen Sie bitte Ihre grünen Dior-Moonboots zuhause, denn davon wird den Fasanen schlecht. Hier gelangt die *Basic Rule of Attire* (BRA) zur Anwendung: Das Schuhwerk ist was vom Allerwichtigsten bei der Kleidung, eine Art Empfehlungsschreiben.)

3.

Sie sind zum Mitflug auf einem Gulfstream oder Global Express oder einer Hawker eingeladen. Die Abflugzeit (fachsprachlich *Wheels Up Time* oder WUT) ist sakrosankt. Wenn Sie hier mit einer schicken Cocktail-Party Verspätung erscheinen, ist die Wahrscheinlichkeit groß, dass Sie sich schreiend und armewedelnd auf dem Rollfeld wieder finden, während Ihr Gastgeber mit seinem Chihuahua auf dem Schoß die Startbahn runterrast. (Nur wenn Sie zufällig Nicole Kidman sind, wird man auf Sie warten.)

II.

VERBINDLICHKEIT UND ABSTAND

Neulich ist es mir schon wieder passiert. Ich war auf einem Stehempfang bei der österreichischen Generalkonsulin, und da kam dieser Mensch auf mich zu, eine in der Zürcher Gesellschaft hinlänglich bekannte Figur, die zu meinem entfernteren Bekanntenkreis gehört (dazu wiederum gehört nicht viel). »Was für eine Überraschung!«, rief der Mensch unsinnigerweise, indem er mich heftig umarmte, »wir haben uns so lange nicht mehr gesehen, mein Gott, wie geht es dir?« »Gut«, erwiderte ich, sofern ich unter der Umarmung zu sprechen vermochte, wobei ich das »u« etwa sechs Sekunden in die Länge zog, denn solange brauchte ich, um mich zu erinnern, wer die Person überhaupt war.

Love Bombing, Blanking und Friending

Diese Art, flüchtige gesellschaftliche Bekanntschaften in einer Weise zu begrüßen, die ungefähr angemessen wäre für den einzigen Sohn, der gerade von einem Blauhelmeinsatz zurückgekehrt ist, stellt eine Unsitte dar, die sich immer mehr ausbreitet in Mitteleuropa, wo Überschwänglichkeit bisher nicht gerade unter den sozialen Tugenden fungierte und man sich (jenseits von Frankreich) eigentlich eben erst an den sogenannten *Air Kiss* gewöhnt hat. Eine alarmierende neue Form sozialer Gewalt fegt über uns hinweg, eine Art von brutalem gesellschaftlichem Enthusiasmus, der seine Opfer geherzt und zerdrückt und plattgeschmeichelt zurücklässt. Es handelt sich hier um das Gegenstück zu der nicht weniger weit verbreiteten Unsitte, Bekanntschaften in Gesellschaft einfach zu ignorieren. Dieses letztere Fehlverhalten wird in der angelsächsischen Welt als »Blanking« bezeichnet, und da die angelsächsische Gesellschaft der unsrigen in der Erkennung und Benennung sozialer Phänomene immer ein Schrittchen voraus ist, hat sie auch einen Namen für Leute, die einem auf gesellschaftlichen Anlässen andauernd um den Hals fallen, auch wenn man sie nur flüchtig kennt: *Love Bombers*.

Love Bombers und Love Bombing hat es, wie das Blanking, schon immer gegeben, aber während dieses theatralische Ritual früher vor allem von einigen Politikern, südamerikanischen Diktatoren und Agenten in Brentwood praktiziert wurde, hat die Show heutzutage geradezu epidemische Ausmaße angenommen. Die Umarmung bis fast zur Asphyxie ist nicht länger beschränkt auf Dinner Parties, Botschaftsempfänge und Parfumpremieren zwischen Holmby Hills und Marrakesch, sondern der gesellschaftlich durchschnittlich aktive Durchschnittsmensch hat sich heutzutage

jederzeit und überall gegen solche Attacken zu wappnen: am U-Bahnsteig, in der Pestalozzi-Bibliothek, sogar vor dem Hantelregal im Kraftraum oder bei den Sonderangeboten in Ullrichs Verbrauchermarkt kann es einem passieren, dass irgendjemand mit weit geöffneten Armen auf einen zusegelt und ruft: »Nein, *so* was! Wie geht es dir?«

Woran liegt das? Natürlich geben verbitterte Kulturpessimisten wieder den Amerikanern und ihrer Leitkultur die Schuld, aber so einfach ist die Sache ja nie. Allerdings ist es richtig, dass unsere nordamerikanischen Freunde und Verbündeten sämtliche Medaillen gewinnen würden, wenn das Love Bombing eines Tages olympische Disziplin werden sollte. Vor allem die Einwohner Südkaliforniens praktizieren diese Umgangsform mit einer Routine, die dazu geführt hat, dass sie selbst inzwischen einerseits quasi immun dagegen geworden sind und dass andererseits die Schulhöfe von Beverly Hills allgemein als Brutstätte einer dem Love Bombing verwandten Verhaltensweise gelten, nämlich des sogenannten *Friending*: des aggressiven Anstrebens von – möglichst status- und gewinnträchtigen – Freundschaften.

Der allgemeine Verlust von Distanz

Wenn man Love Bombing mit Herz betreibt und es quasi zum lokalen Brauchtum gehört, wie bei den Einwohnern von Beverly Hills, dann ist es auch nicht peinlich, und Love Bombing passt sowieso nach Südkalifornien wie der Alligator nach Florida. Doch was ist in Mitteleuropa passiert? Wieso kommt es in unseren Breitengraden neuerdings dauernd zu Love-Bombing-Attacken, der gesellschaftlichen Variante von Friendly Fire? Das hängt mit der Umwertung des Freundschafts- und Bezogenheitskonzepts überhaupt zusammen. Wir leben ja inzwischen längst in einer Gesellschaft, die Quantität über Qualität setzt. Das drückt sich ganz allgemein auch in einer steigenden Zahl und Bandbreite von Soziopathien aus, zum Beispiel beim Phänomen des Gesundheitswahns, dessen Opfer alles in Kauf nehmen, um die zu erwartende Dauer ihres Lebens auf Kosten von dessen Qualität zu erhöhen, oder eben auch beim schon erwähnten Friending, dem strategischen Etablieren von möglichst vielen Als-ob- oder Quasi-Freundschaften, hier zu verstehen als Transaktionsverhältnisse mit möglichst großem prospektivem Nutzen. Im Zeitalter der New Social Rich, also jener Gesellschaftsschicht, die sich durch neuen, immer jüngeren Reichtum und phänomenale Aufsteigerkarrieren auszeichnet, sind sogenannte Social Stalker, d.h. Pseudo-Freunde, die die Reichen und Erfolgreichen in unverhüllter Parasiten-Manier umlagern, längst zum Statussymbol geworden. Und von Social Stalkern wird man mit Liebe bombardiert. Hierbei handelt es sich um jene Art von Liebesbomber, die Louise Gräfin Esterhazy (auch bekannt als John Fairchild) unlängst als »Social Flies« bezeichnet hat: »Sie brummen durch die Gegend auf der Suche nach Aufmerksamkeit. Wann werden sie zu Schmetterlingen werden? Na ja, ich sage Ihnen dann Bescheid!«

Außerdem gebiert unsere hoch differenzierte Dienstleistungsgesellschaft immer mehr Serviceleistungen im unmittelbaren Umfeld des vermögenden Konsumenten. Berufsbilder wie »Haustiertrainer«, »Einkaufsassistent« oder »Autopfleger« sind längst nicht mehr exotisch – aber dies bedeutet auch, dass mehr und mehr Leute nicht zuletzt fürs Liebesbomben bezahlt werden, denn die moderne Kundenpflege impliziert auch eine gewisse Überschwänglichkeit, wie man sie bisher vor allem aus klassischen Love-Bombing-Dienstleistungen kannte: Stylisten, Make-up-Artisten, Verkäufer und Friseure waren in dieser Form des Umgangs schon immer (mehr oder weniger) virtuos. Und natürlich Fotografen (gewisse Quellen behaupten, Mario Testino zum Beispiel habe seine gesamte Karriere auf Love Bombing aufgebaut). Auf der Gegenseite trägt eine eklatante Zunahme an Instant-, Pseudo- und 15-Minuten-Berühmtheiten im gesellschaftlichen Verkehr das Ihre dazu bei, dass der Umgangston des Showgeschäfts in die allgemeinen Manieren diffundiert und wir uns alle nun ständig begrüßen wie auf dem roten Teppich bei den Golden Globes.

Und auch die steigende Frequenz und Möglichkeit virtueller Begegnungen forciert den Verlust an Verbindlichkeit. Der Begriff von »Freundschaft« hat spätestens seit der massenweisen Durchsetzung von Myspace eine völlige Umwertung erfahren: »Freunde« sind jetzt virtuelle Profile, die man editiert, während man bei American Express in der Warteschleife steckt. Die sozialen Kosten der Annahme oder Ablehnung solcher Freundschaften sind gleich null: Man klickt einfach auf den entsprechenden virtuellen Knopf, und schon ist die Freundschaft geschlossen oder refüsiert. Man riskiert auch nichts, wenn man einem virtuellen Profil schreibt, dass es großartig aussehe. Man kann ja nicht mal sicher sein, dass die Person überhaupt existiert. Und es ist auch egal. Verbindlichkeiten gibt's hier nicht, und so was fördert die Überschwänglichkeit. Hört sich zunächst gar nicht mal schlecht an, aber der Nachteil ist: Wer 2143 Myspace-Freunde hat, hat eigentlich: gar keine.

Der richtige gesellschaftliche Abstand (und wie man ihn hält)

Was können Sie tun? Nun, um sich vor der physischen Komponente einer Liebesbomber-Attacke zu retten, können Sie sich höchstens steif und aufrecht halten wie eine Rückenlehne vor der Landung, sobald der Love Bomber in Ihren persönlichen Raum eindringt, um Sie zu herzen und zu küssen. Falls aber Ihr Gegenüber das nicht abschreckt (und die allermeisten Love Bombers werden von so was keineswegs abgeschreckt) – dann müssen Sie da durch. Zurückweichen oder -zucken oder jedes gestische oder mimische Zeichen von Abwehr wären unhöflich und grausam.

Aber die physische Komponente ist beim Love Bombing sowieso nicht das Schlimmste (jedenfalls meistens) – gravierender sind die psychischen Kosten, die Ihnen aufgebürdet werden, wenn Sie den süßlichen Litaneien irgendwelcher Zufallsbekanntschaften lauschen müssen. Da gibt's nur eins: Seien Sie ein *Bummer*. So werden die Antipoden zu den Liebesbombern manchmal in England bezeichnet. Ein Bummer zu sein, heißt ja noch nicht, dass man so ruppig sein muss wie der britische Literaturnobelpreisträger Harold Pinter, der auf jede freundliche Begrüßung mit der Frage reagierte: »Im Irak ist Krieg, und Sie fragen mich, wie es mir geht?«

Praktizieren Sie lieber das, was Jacqueline Bouvier Kennedy Onassis (kurz: JBKO) einen *Polite Brush-Off* (kurz: PBO) nannte, auf Deutsch: eine freundliche Abfuhr. Ein höflich vorgebrachtes »Und wer sind Sie?« bringt jeden Bomber zum Implodieren. Wenn das nicht geht, weil der Bomber weiß, dass Sie ihn kennen, sprechen Sie ihn einfach mit einem falschen Vornamen an. Das wirkt Wunder.

Der gute Rat zum Schluss

Sie merken: Es ist gar nicht schwer, sich dem Druck zur allgemeinen Überschwänglichkeit zu entziehen. Denn zu manchen Leuten passt Überschwänglichkeit auch gar nicht. Im Gegenteil: Es wirkt immer ein wenig irritierend, wenn Menschen, die eigentlich eher nüchtern veranlagt sind, sich aus irgendeinem Grunde ab und zu mal überschwänglich präsentieren müssen. Um sich das zu vergegenwärtigen, denke man nur an Angela Merkel auf der Zuschauertribüne während der Fußballweltmeisterschaft.

III.

ZUM UMGANG MIT PEINLICHKEITEN

Meine Freundin Raphaela und ich verstehen uns ausgezeichnet, und in vielen Dingen haben wir den gleichen Geschmack. Aber neulich kam die Rede auf die deutsche Sängerin Annett Louisan, weil Raphaela nämlich sagte, sie wolle aufs Konzert, worauf ich erwiderte: »Pu-ärrg! Annett Louisan! Das ist ja beinahe so schlimm wie Rosenstolz! Das sind so Kitschballaden für 35-jährige Deutsche, die irgendwann aus Schweinfurt oder Hildesheim nach Berlin ziehen und so was hören, wenn sie mit ihrem Ford Ka im Stau stehen.« Worauf Raphaela in ihrer herzerfrischend nüchternen Art feststellte: »Beenden wir einfach das Thema. Du musst ja nicht mit mir hingehen!« Was Raphaela indessen nicht wusste (und bis zum Erscheinen dieser Zeilen nicht wusste), ist: Ich besitze eine Annett-Louisan-CD. Ja, nun ist es heraus! (Und ich wünschte, ich könnte behaupten, dass es mir nach diesem Geständnis besser ginge.) Ich muss damals, als ich die kaufte, irgendwie psychisch labil gewesen sein oder so was, das muss kurz nach der Einstellung von *Veronica's Closet* gewesen sein. Natürlich ist das furchtbar peinlich. Eine Annett-Louisan-CD zu besitzen, meine ich. Ich meine, in der Polo-Lounge-Social-Register-Wo-bleibt-mein-Dirty-Martini-Welt, in der ich glücklicherweise lebe, ist so was einfach vollkommen unvorstellbar. Gleichbedeutend mit einem Camping-Urlaub oder einem Auftritt auf RTL 2. (Beta-Alkoholismus und Botox-Injektionen sind hingegen kein Problem.) Ein soziales Todesurteil. Der gesellschaftliche Offenbarungseid. Furchtbar peinlich.

Wohin mit peinlichen Sachen?

Jetzt muss ich also die Annett-Louisan-CD immer verstecken, wenn Raphaela zu Besuch kommt. Aber ich habe sowieso genug wegzuschaffen. Und nicht nur ich. Sie denken doch an dieser Stelle sicher auch schon längst an Ihre eigenen versteckten kleinen Peinlichkeiten, stimmt's? Denn wir alle haben doch, auch und gerade wenn wir uns für besonders schick, mondän und stilsicher halten, unsere heimlichen, weniger stilsicheren Vorlieben: eine CD von Annett Louisan oder das Remix-Album von Britney Spears, sämtliche *Harry-Potter*-Bände oder *Four Weddings and a Funeral* auf DVD. Oder eine umfangreiche Briefmarkensammlung. Oder eine Unterhose von Aussiebum. (Nein, jetzt gehe ich wohl zu weit; dies Letztere hat womöglich doch *niemand*, der auch nur vage stilsicher ist. Oder *sehen* kann.) Mark Wahlberg liebt Susan-Sarandon-Filme, André 3000 von Outkast, einer der geschmacksichersten Menschen auf dem Planeten, besitzt eine Lava-Lampe, und von Nan Kempner ging das Gerücht, dass sie gern Stephen-King-Bücher las. Derlei geringfügige Geschmacksschwächen sind verzeihlich und harmlos und entspringen einem im Grunde legitimen Bedürfnis nach schlichter, anspruchsloser Unterhaltung; dem urmenschlichen Bedürfnis nach Kitsch, einem Bedürfnis, das, wenn es nicht auf Schnulzen und Schmonzetten gerichtet werden kann, unter Umständen sonst so entsetzliche Sachen hervorbringt wie Sudoku.

Nicht ganz so entsetzlich wie Sudoku, aber trotzdem ziemlich entsetzlich ist diese deutsche Band namens Pur. Deswegen aber sind ja die Leute, die aus welchem Gründen auch immer eine CD von Pur besitzen, noch keine schlechten Menschen. So wie eine mir bekannte junge Dame, nennen wir sie, völlig fiktiv, Nicole. Nicole hatte neulich Gäste zum Abendessen, und, ehe sie sich's versah –

sie war noch mit den Hors d'œuvres beschäftigt –, vernahm sie plötzlich johlendes Geschrei aus dem Wohnzimmer: Der Besuch hatte ihre Pur-CD gefunden. Arme Nicole. Sie hatte das Ding vorher weder versteckt noch sich eine plausible Erklärung für dessen Besitz zurechtgelegt. Ich erzählte ihr anderntags zum Trost, wie ich neulich auf der Fashion Week Party eines französischen Koffermachers in Paris diese Sängerin traf, die mit dem Sänger von Pur liiert ist, was ja nun eigentlich noch peinlicher ist, als eine Pur-CD zu besitzen, denn den Sänger kann man ja auch nicht immer so ohne weiteres verstecken, wenn überraschend Besuch kommt. Unsere Konversation ging ungefähr so:

SIE: Ich mag große Nasen. Mein Freund hat auch eine große Nase.

ICH *(skeptisch)*: Wieso? Wer ist denn das?

SIE: Hartmut Engler. Von Pur.

ICH *(gerade rechtzeitig die Kurve kriegend)*: Urrgg-oohhhhh – schön! Wunderbar! Herzlichen Glückwunsch!

Anschaffung von peinlichen Sachen (und deren Rechtfertigung)

Raphaela hingegen hat mir neulich gestanden, dass sie eine Schwäche für die Fernsehserie *Gilmore Girls* hat. Raphaela spielt nun ernsthaft mit dem Gedanken, sich unter dem Namen Korintha Ramirez einen Ausweis für die Zürcher Pestalozzi-Bibliothek zu beschaffen, nachdem sie sich dort neulich mit Baskenmütze und Sonnenbrille umgeschaut hat (natürlich in der Filiale in Zürich-Altstetten, wo wir niemanden kennen) und feststellte, dass daselbst ein kompletter Satz *Gilmore-Girls*-DVDs existiert, so dass sie alle verpassten Folgen nachholen könnte. Kaufen kommt nicht in Frage, weil man die DVDs ja dann irgendwie wieder loswerden müsste. Außerdem ist die diskrete Pestalozzi-DVD-Hülle ein weiterer Vorteil. Nachteil: Die *Gilmore Girls* sind dauernd ausgeliehen. Es gibt eine Warteliste. Als ich einer anderen lieben Freundin, nennen wir sie, völlig fiktiv, Ashana, von dieser Situation berichtete, sagte Ashana: »Na so was! Ich mag die *Gilmore Girls* auch! Ich habe die DVDs einfach als Geschenk für meine Schwester gekauft. Natürlich habe ich sie vorher erst mal alle selber geschaut.«

Die Anschaffung jener Annett-Louisan-CD jedenfalls hat Richie auf den Plan gerufen, der wesentlich mehr Street Credibility hat als ich, und meinen Stred Cred habe ich eigentlich auch nur, weil ich in vielen entscheidenden Fragen bei Musik, Mode und Stil einfach Richies Urteile nachplappere.

Im Grunde ist Richie irre tolerant. Zum Beispiel toleriert er, dass ich *Sex and the City* schaute, denn wir teilen genug andere kulturelle Vorlieben, etwa die Muppets und Spongebob und *Extras*, und ich konnte ihn sogar von *Veronica's Closet* überzeugen. Doch die Anschaffung jener Annett-Lousian-CD hat Richie wahrscheinlich deshalb alarmiert, weil er mich schon kurz zuvor dabei ertappte, wie ich eine Episode von *Friends* aufzeichnete. Das war mir besonders peinlich; man möchte ja auch und gerade vor seinem Lebenspartner eine gute Figur machen, auch und gerade nach all den Jahren, also stammelte ich etwas wie, dass ich *Friends* natürlich furchtbar bieder und unoriginell fände, aber nach einem mörderischen Arbeitstag eben nachts gerne noch etwas fernsähe, vor dem Einschlafen, etwas Anspruchsloses, wie *Friends* … »OK«, sagte mein einfühlsamer Hubby, »dann versuchen wir jetzt mal, zusammen *Friends* zu schauen, Kleines.« »Uch«, sagte ich, nachdem ich den Fernseher angeschaltet hatte, »die Folge kenne ich schon!«

Entschuldigungen für den Besitz peinlicher Sachen

Nun sind ja Blamagen beim Lebenspartner nicht so schlimm, denn wenn man nicht gerade mit Ike Turner oder Margaret Thatcher zusammenlebt, sollte man grundsätzlich mit etwas Verständnis und Gelassenheit rechnen können angesichts kleinerer menschlicher Verfehlungen wie einer Schwäche für *Desperate Housewives*. Und, okay, okay, manchmal auch *Friends*! Was aber soll man machen, wie soll man sich verhalten, wenn der zum Dinner eingeladene schwedische Generalkonsul plötzlich die Kreuzworträtselhefte findet oder die Kulturjournalistin von 3-Sat Ihre Media-Markt-Best-of-Neue-Deutsche-Welle-CD-Box entdeckt? Auch hier gilt, wie in sämtlichen Bereichen des gesellschaftlichen Umgangs: Schwächen zuzugeben macht Sie nur ganz selten attraktiv. Stattdessen: ableugnen und rausreden! Falls Sie selbst journalistisch tätig sind, wirkt »Och, darüber habe ich mal eine Besprechung schreiben müssen …« meistens glaubwürdig (nur

nicht bei Lava-Lampen und von Thailändern nachgemalten Lichtensteins). Ansonsten behelfen Sie sich mit Klassikern wie: »Mein Patenkind aus Österreich war zu Besuch und muss das hier liegen gelassen haben.« (Im Falle der österreichischen Generalkonsulin wählen Sie statt Österreich bitte ein anderes Land, zum Beispiel das Sauerland. Allerdings ist ein Patenkind im Sauerland nun im Grunde auch wieder eine peinliche Sache, aber Sie werden da schon irgendwie rauskommen.) Achtung: Versuchen Sie nicht, Peinliches als »kultig-peinlich« zu entschuldigen. Das Wort »kultig« ist selbst peinlich. (Lesen Sie dazu das Kapitel »Sprache und Klasse«.)

Verhalten beim Auffinden kompromittierender Gegenstände

Und wie sollten Sie sich verhalten, wenn Sie selbst, trotz aller Zurückhaltung, die Sie natürlich als Gast an den Tag legen, anlässlich eines Besuchs bei lieben Bekannten etwas total Kompromittierendes finden? Am besten ist hier, wie so oft: übergehen und totschweigen. Denken Sie an Ihre eigenen kleinen Geheimnisse! Ihr Charakter muss schon Ähnlichkeit mit einer ganz miesen Gegend von Los Angeles haben, wenn Sie, so wie ich im Falle von Raphaela und Annett Louisan, über andere richten, obschon Sie selbst mitten im Glashaus sitzen. (Allerdings macht auch das Steinewerfen irgendwie nur dann richtig Spaß!) Nehmen Sie sich ein Beispiel am Dalai Lama. Seien Sie milde. Natürlich gibt es so etwas wie eine absolute Grenze. Das heißt: Falls Sie während eines Besuchs bei lieben Bekannten plötzlich in irgendeiner Ecke ein paar Nordic-Walking-Stöcke sichten, kann es Ihnen niemand vorwerfen, wenn Sie den Kontakt abbrechen. Manche Leute ziehen diese

Grenze schon bei einem Videotape mit *Blond am Freitag* oder einem Gürtel mit dem Aufdruck »Dolce & Gabbana«. Das bleibt Ihnen überlassen. Nur Aussiebum-Unterwäsche ist nun wirklich jenseits jeder Diskussion.

Neugier und Peinlichkeit

Die Wahrscheinlichkeit, dass Sie auf Peinlichkeiten stoßen, steigt mit Ihrer Neugier. Gehen Sie einen Moment in sich und beantworten Sie für sich selbst die folgenden drei Fragen: 1. Überlegen Sie sich im Gespräch mit flüchtigen Bekanntschaften, egal welchen Geschlechts, häufig, ob Ihr Gegenüber Botox nimmt und wie alt die Person eigentlich ist und ob die Juwelen echt sind? 2. Nehmen Sie Pakete für die Nachbarschaft an oder holen Ihre Kinder persönlich von ihren Spielkameraden ab, nur um das Zuhause von anderen Leuten zu inspizieren? 3. Übernehmen Sie mit Vorliebe die Putzfrau oder den Fitnesstrainer Ihrer Freunde Bert und Annie, um auf diese Weise an persönliche Informationen über Bert und Annie ranzukommen?

Falls Sie zwei oder mehr dieser Fragen mit ja beantworten, sind Sie überdurchschnittlich neugierig. Aber keine Sorge: Das ist zwar pathologisch, aber nicht abnormal. Wir leben in einer Gesellschaft, in der die Neugierde ausufert. Während es vor zwei Jahrzehnten noch verpönt war, sich beispielsweise bei einem Dinner auch nur nach der Tätigkeit von Tischnachbarn zu erkundigen (geschweige denn nach deren Einkommen), so ist es heutzutage gang und gäbe, nicht bloß den Beruf, sondern auch mindestens noch den wirtschaftlichen Status sowie Familien- und Affairenstand abzufragen. Natürlich macht man das nach wie vor nicht direkt, das wäre ja unhöflich. Man macht das diskret zwischen Salat und Hummersuppe per Google mit dem Blackberry unter dem Tisch.

Das Google-Syndrom

Überhaupt ist Google heute längst weniger Suchmaschine denn Identitätsfindungsinstrument. Weil alle googeln und jeder weiß, dass man ihn googeln kann, richten sich auf diese Site, die ursprünglich als Orientierungshilfe für die World-Wide-Web-Wildnis gedacht war, ganz spezielle Phobien und Obsessionen. Längst zahlen berühmte und weniger berühmte Leute erkleckliche Summen, um sicherzustellen, dass die Suchtreffer auf ihren Namen günstig ausfallen – oder sogar um jede Spur von sich aus dem Internet zu entfernen. Die Fixierung richtet sich zunächst auf die pure Anzahl von Treffern. Es gibt Professoren an der Eidgenössischen Technischen Hochschule in Zürich, die ihre Google-Treffer zählen und mit denen von Kollegen vergleichen. Eine besondere Wichtigkeit wird dabei den sogenannten *First Hits* zugemessen, d.h. denjenigen Treffern, die bei der Google-Ergebnisanzeige ganz oben stehen. Der First Hit ist quasi das Internetzeitalter-Äquivalent zum berühmten ersten Eindruck, für den man bekanntlich keine zweite Chance hat. Nicht selten erhalten Journalisten deshalb Anrufe von PR-Agenten, die darum bitten, eine bestimmte schlechte Kritik

oder Würdigung eines Klienten aus dem World Wide Web zu entfernen, mit der Begründung, es handle sich um den ersten Treffer bei Google. Dies Beispiel zeigt, dass das informationsbedürftige moderne Subjekt nicht nur andere, sondern auch sich selbst googelt – und wer hätte das noch nicht gemacht! Das eigene Google-Profil hat in unserer erlebnisorientierten öffentlichkeitsfixierten Wellness-Gesellschaft ungefähr denselben narzisstischen Reflexionswert wie der eigene Körpermaß-Index; es wird als direkte Spiegelung der Selbst- *und* Fremdwahrnehmung verstanden. Für die Frage »Wer bin ich?« musste man früher eine monate- oder jahrelange Psychotherapie machen, heute scheinen fünf Minuten vor dem Bildschirm zu reichen. Und mit der gleichen Selbstverständlichkeit googelt man vor dem Besuch von Cocktail und Dinner Parties noch schnell die wichtigsten Namen auf der Gästeliste. (Und durchaus nicht nur den Teil der Gäste, den man nicht persönlich kennt.)

Wenn Neugier pathologisch wird

Auch wenn Sie merken, dass sich 75 Prozent Ihrer Partyunterhaltungen um andere Leute drehen (von denen Sie 75 Prozent nicht einmal persönlich kennen), auch wenn Sie realisieren, dass Sie sich Ihre Hotels, Fitnessclubs, Restaurants und Ferienvillen danach aussuchen, wer sie sich sonst noch aussucht – denken Sie daran, dass ein gewisses Niveau von Neugierde auch eine Begabung ist. Es ist ein Gabe, schon aus weitester Entfernung die Labels von fremder Garderobe zu detektieren und Markenzeichen auf Riesendistanzen zu erkennen. Es ist eine Gabe, sich Leute leichter anhand ihrer Titel als ihrer Namen merken zu können. Ohne die Neugier, die als Antrieb zur Conditio humana schlechthin gehört, gäbe es weder technischen noch kulturellen Fortschritt. Wer keine Neugier kennt, kann sich ebensogut gleich in der Wüste niederlassen. Apropos Wüste: Ohne Neugier gäbe es freilich auch keine Atombombe, und deshalb sollten Sie sich zwei Warnungen zu Herzen nehmen. Erstens: Es besteht immer das Risiko, dass man etwas erfährt, was man lieber nicht gewusst hätte. Das kann von FKK-Strand-Bildern im Fotoalbum Ihrer Gastgeber bis zum Damenrevolver in deren Medizinschränkchen gehen. (In all diesen Fällen ist das gute alte Totschweigen selbstverständlich die beste Reaktion; es sei denn, es handelt sich um gewichtigere kriminelle Tatbestände oder sonstige Situationen, in denen irgendjemand zu leiden hat.) Zweitens: Wie bei allen Verhaltensmustern besteht auch bei der Neugier die Gefahr des Abgleitens in die Sucht. Hier sollten Sie Hilfe suchen, wenn Sie merken, dass Sie erhebliche Risiken in Kauf nehmen, nur um bei fremden Leuten Porzellan umzudrehen oder hinter Bilder zu schauen, oder wenn Sie permanent den Zwang verspüren, irgendwelche Schubladen aufzuziehen (inzwischen einschlägig bekannt als DOF – *Drawer Opening Fixation*). Der Vorteil ist, dass Sie diesfalls quasi krank sind und somit eine Entschuldigung für Ihre Schnüffeleien parat haben. Unsere Gesellschaft entschuldigt fast alles, sofern Sie eine Opferrolle einnehmen und danach eine Rehabilitationsanstalt aufsuchen.

Entschuldigungen für Neugierde

Wie redet man sich raus, wenn man erwischt wird bei seinen Nachforschungen? Natürlich kommt das auf die Situation an, aber: Irgendwas sagen kann man immer. Wenn die Gastgeberin ins Zimmer kommt, während Sie gerade angeregt in ihrem Tagebuch lesen, behaupten Sie, Sie wären auf der Suche nach ihrem Geburtstag (bei Katholiken ggf. auch Namenstag) gewesen, um ihr rechtzeitig was schenken zu können. Falls die Nachbarn plötzlich im Garten stehen, während Sie gerade durch deren Küchenfenster spähen, erklären Sie, Ihr Pudel Anastasia sei Ihnen ausgebüchst. Von der Rechtfertigung Ihrer Neugier durch Angabe eines (tatsächlichen oder hypothetischen) Motivs, zum Beispiel jenes furchtbaren Beieinanders von Sehnsucht, Neid, Liebe und Selbstverachtung, das man Eifersucht nennt, ist hingegen abzuraten. Da ist es schon viel besser, im Notfall, wenn Ihre Verlobte Sie beim Durchforsten ihres Blackberry stellt, auf jenen guten alten Ausredenklassiker zurückzugreifen, der seit Menschengedenken bei so vielen Verfehlungen zur Anwendung kommt: »Wieso? Das machen doch alle!« (Und zur Not weichen Sie aus auf: »Wenn man die Person liebt, ist es kein Spionieren!«)

Der gute Rat zum Schluss

Auch beim Umgang mit Peinlichkeiten darf man, wie bei allen gesellschaftlichen Fragen, die feineren Unterschiede nicht übersehen. Was als peinlich eingestuft wird, ist ja immer eine Frage des Milieus. Bloß weil irgendwelche Werbefritzen und Account Manager inzwischen finden, es sei peinlich, Sushi zu essen, werde ich nicht damit aufhören. Und dann wiederum gibt es noch andere Phänomene, zum Beispiel Astrid Lindgren und Nivea-Crème, die überhaupt niemals peinlich sein können. Und schließlich wären da die Dinge, die mir selbst etwas unheimlich sind, zum Beispiel die Sache mit der Modelleisenbahn und jener dunklen, magischen, sogartigen Faszination, die sie auf mich ausübt. Ich versuche, dagegen anzukämpfen, aber ich weiß nicht, wie lange das noch gut geht. Vielleicht gehe ich schon bald und kaufe mir so ein Starterset. Ein kleines. Ich muss es ja bei Bedarf schnell verstecken können.

IV. WIE HÄLT MAN GESELLSCHAFT OHNE ALKOHOL AUS?

Wir alle außer vielleicht Stella McCartney kennen diesen Impuls: »Jetzt brauche ich erst mal 'nen Drink!« Das hat gerade neulich erst wieder Mel Gibson in Schwierigkeiten gebracht. Keine Angst. Ich helfe Ihnen. Und das ist mir so wichtig, dass ich dafür sogar ein eigenes Kapitel eröffne, denn ich weiß, wie unangenehm alkoholisierte Personen gesellschaftlich auffallen können – und zwar besonders die Zweifelsfälle, jene Damen und Herren also, bei denen man diesen bekannten Augenblick länger als üblich überlegt, ob sie wohl noch einigermaßen nüchtern sind – nicht die *richtig* Betrunkenen mit Erbrochenem im Haar, schleifenden Betonungen, aufgeschlagenen Knien und abgebrochenen Absätzen.

Wann trinken wir?

Es gibt klassische Konstellationen, die man ohne Alkohol nicht zu meistern können glaubt. Wichtig ist also zunächst, solche Situationen anhand ihrer Grundkonstanten zu identifizieren, denn so kann man den Auslösern des Entspannungstrinkens gezielt begegnen. Wenn man mal ein bisschen darüber nachdenkt, wird man schnell feststellen, dass es in der Regel gar nicht die nervenaufreibenden und konfrontationsgeladenen Prüfungs-, Konflikt- oder Sample-Sale-Situationen sind, vor bzw. in denen die Versuchung zum sogenannten Erleichterungskonsum von Alkohol besonders hoch ist (denn derartige Situationen kommen in unserem durchschnittlich ziemlich saturierten Leben gar nicht so zahlreich vor). Nein, der moderne, flexible Mensch ist zwar gestresst – aber vor allem durch Aktivitäten, die zu Unrecht als entspannend oder erfüllend gelten, zum Beispiel Grillen, Strandbesuche oder Elternschaft. Unsere kategorische Wohlfühlgesellschaft hat derartige Phänomene bzw. die Zeit, die sie beanspruchen, mit dem Etikett »Quality Time« belegt – wir hingegen wollen hier etwas weniger euphemistisch von *Quantity Time* sprechen. Weitere Beispiele für solche Quantity-Time-Beschäftigungen, also für Sachen, die zu Unrecht für erholsam gelten, wären: Weihnachtsfeiern ohne Geschenke, Herumlungern im Internet (man kann hier virtuell alles tun, ohne es wirklich zu tun, und das kann einem morgens um vier recht frustrierend vorkommen. Außerdem trifft man im World Wide Web mehr Spinner als auf jeder *Herr-der-Ringe*-Tauschbörse), Ferien mit dem Lebenspartner, Golf (die Sportart, die dem Sitzen am nächsten kommt. Oder, in den Worten von Sebastian Horsley: »Playing golf is the nearest thing to being dead on this planet.« Es sei denn, Sie sind pensionierter Zahnarzt), das Tragen von Birken-

stock-Schuhen (besonders für die Leute, die das mitansehen müssen), Sex.

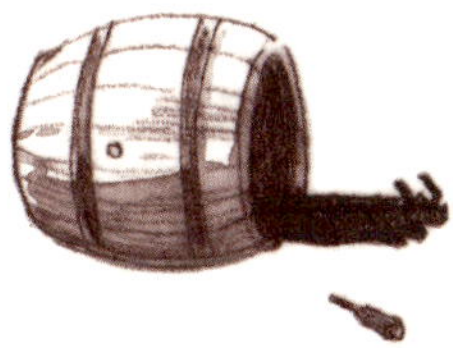

Alternativen zum Erleichterungstrinken

Wegen ihres beträchtlichen Stressgehalts ist es kein Wunder, dass sämtliche Quantity-Time-Aktivitäten (ggf. schon im Vorfeld) in der Regel mit Alkoholkonsum einhergehen. Doch das muss nicht sein. Ich möchte nun einige sehr beispielhafte Konsumsituationen herauspicken und anhand derer Alternativen zum Erleichterungstrinken aufzeigen:

1.

Ihre (prospektiven) Schwiegereltern kommen zu Besuch. Alternative zu Alkohol: Sie erklären Ihren (prospektiven) Schwiegereltern, dass Sie einen Lurch auf der Veranda haben, der neuerdings ein bisschen kränkelt, und dass Sie deswegen die ganze Zeit draußen sitzen müssen. (nicht geeignet im Winter; für Weihnachten siehe unter *Warnung*)

2.

Sie sind auf der Eröffnungsparty des Zurich Film Festival und kennen keine Menschenseele.
Alternative zu Alkohol: Sie erklären dem Jurypräsidenten Edward Pressman: »Ich würde mich ja gerne weiter mit Ihnen unterhalten, aber mir fällt nichts mehr ein. Bye.« (für andere gesellschaftliche Anlässe analog anwendbar)

3.

Sie campen zwei Nächte vor dem H&M, um einen Madonna-Trainingsanzug zu ergattern.
Alternative zu Alkohol: Gehen Sie zu Adidas und kaufen sich einen Trainingsanzug aus der Missy-Elliott-Kollektion.

4.

Ihr Lebenspartner fängt an, die Dialoge bei *The West Wing* auswendig mitzusprechen.
Alternative zu Alkohol: Sex.
Alternative zu Sex, falls dieser nicht ohne Alkohol möglich: Umschalten.

5.

Ihre Mutter ruft an.
Alternative zu Alkohol: a) am Mobiltelefon: Sie machen Knistergeräusche, zum Beispiel mit Backpapier, und sagen: »Ohh, jetzt kommt ein Tunnel, ich verliere dich!«
b) am Festnetzanschluss: Sie sagen: »Bitte entschuldige, ich bin auf der anderen Leitung seit zwanzig Minuten in der Warteschleife bei Fed Ex und muss daher nun auflegen.«

6.

Sie sind auf einem Amy-Winehouse-Konzert. Alternative zu Alkohol: Mineralwasser. Werfen Sie einen Blick auf Amy, und Sie kaufen automatisch Mineralwasser. Aber was wollen Sie mit Mineralwasser auf einem Amy-Winehouse-Konzert? Irgendwas stimmt hier nicht.

Warnung

Weihnachten im Kreise der Familie (Geschenke oder nicht)
Alternative zu Alkohol: keine

Allgemeiner Hinweis zu Gesellschaftsdrogen

»Just say no!«, lautete die Maxime von Nancy Reagan in Bezug auf rekreationalen Drogengebrauch. Aber Nancy Reagan hat auch zu vielen anderen Sachen nein gesagt, von denen einige gewiss faszinierend waren. Fest steht allerdings, dass Leute wie Boy George, David Cameron, Rupert Everett, Pete Doherty, Diego Armando Maradona oder Stefano Gabbana und Domenico Dolce (bei uns zuhause familiär »Stan und Ollie« genannt) durch Drogenkonsum nicht interessanter wurden. Andere Leute, zum Beispiel Whitney Houston, Britney Spears, Lindsay Lohan, Ozzy Osbourne oder Lapo Elkann, hingegen schon. Und Elton John auf Kokain dürfte etwa dasselbe sein wie Martha Stewart auf Steroiden. Egal, in welche Kategorie Sie gehören, Sie sollten sich stets Folgendes vor Augen (oder vor ein sonst noch hinreichend funktionierendes Sinnesorgan) halten:

1.

Wie meine Großmutter zu sagen pflegte: »Sucht ist die eine Sache. Die andere Sache ist, was man nebenbei im Leben noch zustande bringt.«

2.

Um Drogenkonsum auf hohem Niveau (in jeglicher Hinsicht) aufrechtzuerhalten, benötigt man erhebliche Ressourcen. Diese Bedingung ist in der Regel notwendig *und* hinreichend.

3.

Das Einzige, was noch langweiliger ist, als sich im auch nur halbwegs nüchternen Zustand mit jemandem zu unterhalten, der unter Drogeneinfluss steht, sind Leute, die sich in Gesellschaft *über* Drogen unterhalten.

V.

SOCIAL STALKING

Meine Freundin Stefanie sieht irre gut aus, weshalb Frauen sie üblicherweise nicht leiden können. Eine der wenigen Ausnahmen ist Inez. Inez sieht selbst nicht schlecht aus. Genau genommen sieht sie fast so gut aus wie Stefanie. Noch genauer genommen sieht sie Stefanie immer ähnlicher. Was Letzterer nicht verborgen blieb. »Ich bin auf die Idee gekommen, dass es nicht schlecht wirkt, wenn ich über meiner Jeansjacke noch eine Lederjacke trage«, erklärte Stefanie mir neulich, »und dann treffe ich eine Woche später Inez – und sie trägt genau das Gleiche! Sie kopiert mich! Das … das ist doch … Stalking!«

Woran erkennt man den Social Stalker?

Damit hatte meine sensible Freundin auf ein gesellschaftliches Phänomen hingewiesen, was einerseits uralt ist, andererseits, wie viele gesellschaftliche Phänomene, sich im beginnenden 21. Jahrhundert popkulturell explosionsartig vermehrt hat und dabei einen Wandel in der sozialen Bewertung erfährt: Social Stalking. Wir alle kennen diese Stalker, die Berühmtheiten nachstellen, also aufdringliche Bewunderer, die sich unter dem Haus von Sandra Bullock eingraben oder Michael Douglas so sehr für sich reklamieren, dass sie versuchen, Catherine Zeta Jones umzubringen. Bei den immer zahlreicher werdenden, pathologischen Fällen von Celebrity Stalking wird quasi die Motivation von Groupies pervertiert. Ein signifikanter Prozentsatz von Berühmtheits-Stalkern leidet an psychotischen Persönlichkeitsstörungen, allen voran an der krankhaften Überzeugung, dass die betreffende Berühmtheit wahnsinnig verliebt in sie sei. Dieser Wahn ist bekannt als das Clérambault-Syndrom oder schlicht als Erotomanie.

Aber wir haben hier eine andere Type im Visier. Der Begriff »stalking« hat ja zunächst mit Berühmtheit gar nichts zu tun, sondern stammt aus der Jägersprache und bedeutet ursprünglich so viel wie »anpirschen« oder »hinterherschleichen«. Im sozialen Gefüge ist dabei davon auszugehen, dass es temperamentsmäßig ganz grundsätzlich zwei Sorten von Menschen gibt: Bewunderer und Bewunderte. Und falls man tendenziell zur zweiten Gruppe gehört (ohne dass man nun dafür irgendwie gleich Goldie Hawn oder Robbie Williams sein müsste – die übrigens ihrerseits temperamentsmäßig selbst durchaus Bewunderer sein können), hatte man sicher irgendwann schon mal einen Freund oder eine Freundin der ersten Kategorie, das heißt jemanden, der plötzlich anfing, die gleiche Fri-

sur zu tragen, die gleichen Filme gut zu finden, die gleiche Sprache zu reden – und einem schließlich nicht nur die besten T-Shirts, sondern möglicherweise auch noch ein paar Freunde wegschnappte.

Betrachten wir einen anderen Fall, nämlich den meiner Freundin Raphaela. Raphaela ist Ethnologin, und auf einem Kongress zur Rettung der Indigenen lernte sie eine Kollegin kennen, nennen wir sie, völlig fiktiv, Marcelline. Sehr zu Raphaelas Leidwesen begann Marcelline nun, immer mehr Pseudogemeinsamkeiten zwischen ihr und Raphaela festzustellen: Sie hätten beinahe die gleiche Handtasche, sie fänden dieselben Bücher gut, und sie hätten dieselbe Lieblingsnachspeise.

»Und dann«, erklärte mir Raphaela, »und dann, ich schwöre es dir, noch auf diesem Kongress fing Marcelline an, ihre Haare genauso zu tragen wie ich!«

»Marcelline muss verrückt sein«, antwortete ich darauf.

Das Schlimmste für Raphaela aber war, dass Marcelline ihr andauernd ihre Einschätzung der Welt mitteilen musste. Sie konnte keinen Abstand halten, hoffte auf Zustimmung, sie lud sich selbst ein, sie plante die Zukunft mit Raphaela. Ihre Bewunderung war aufrichtig, aber nicht anspruchslos, und das fiel Raphaela auf die

Nerven, die ansonsten nichts dagegen gehabt hätte, ein Rollenvorbild zu sein, aber bitte auf Distanz. Und deshalb beantwortete Raphaela Marcellines Anrufe nicht mehr.

Ausbreitung und Bewertung des Stalking

Raphaela hat den Kontakt abgebrochen, nicht zuletzt, weil ihre Stalkerin ihr nicht interessant genug war. Aber das muss nicht immer der Fall sein. Im angelsächsischen Kulturkreis, der für unsere Gesellschaft gottseidank in vielen Belangen tonangebend ist, gilt die mit dem Begriff »Social Stalking« umschriebene Form der Parasitenfreundschaft inzwischen nicht selten als Statussymbol auch für die verfolgte beziehungsweise bewunderte Partei. Denn schließlich ist diese Form des Verhältnisses ein sichtbares Zeichen dafür, dass man es geschafft hat. Wer seinen eigenen Stalker hat, ist angekommen. Es ist mal wieder ein typischer Dreh des 21. Jahrhunderts, dass der früher beargwöhnte Social Stalker in gewissen Kreisen zu einem »Social Badge« geworden ist, also zu einer Trophäe und Auszeichnung, zum vorgeführten Accessoire.

Und Menschen zu haben, die alles an einem gut finden, einen über sich selbst reden lassen und sich bei schlechter Behandlung nicht beschweren, wird außerdem von manchen Personen als angenehm empfunden. Zum Beispiel von mir. Es ist ja nicht so, dass Social Stalker nur langweilige Parasiten wären; im Gegenteil, will ein Stalker erfolgreich sein, muss er auch Qualitäten haben: Zuhören bis zur Selbstverleugnung, Zurückhaltung, die Fähigkeit zu Aufblick und Anlehnung. Ein gewisser Appetit für Klatsch und eine leicht eifersüchtige Ader können auch nicht schaden. Also im Grunde wie eine Nonne, nur lustiger. Diese Motivkombination in Verbindung mit einem idealerweise gut kontrollierten gesellschaftlichen Ehrgeiz macht den Stalker aus. Ehrgeiz heißt vor allem: Der Stalker ist auf der Suche, auf der Suche nach etwas, was ihm oder ihr fehlt: die richtigen Kontakte, die richtige Einladung, der richtige Stil.

Typologie des Stalking

Aber wenn die gesellschaftliche Ambition auch der gemeinsame Nenner aller Social Stalker ist, so gibt es doch grundsätzlich verschiedene Formen des Social Stalking, weshalb dieses strategische Verhalten für sein Opfer nicht immer leicht zu erkennen ist. Deshalb folgt nun eine kleine Typologie zur kritischen Überprüfung Ihres Bekanntenkreises. Beginnen wir mit Typ A. Diese Art des Stalkers geht unverblümt und direkt vor, der Stalker hat ein klares Ziel, nämlich Sie, und zeigt nicht selten enthusiastische Begeisterung und andauernde Zustimmung für alles, was Sie tun oder sagen. Dabei kann Ihre Stalking-Bekanntschaft durchaus selbst was zu bieten haben, zum Beispiel eine Yacht oder Humor; entscheidend ist einzig, dass in der Ausgangslage ein gewisses soziales Gefälle zu Ihren Gunsten vorliegt. Bei Typ A besteht immer die Gefahr, dass die anfänglich meist echte Bewunderung, die er Ihnen entgegenbringt, in pathologische Besessenheit abgleitet, ein Prozess, der leider meist

graduell vonstatten geht und daher oft erst bemerkt wird, wenn es zu spät ist und Typ A sich bereits mit Ihrem Lebenspartner verabschiedet hat. Oder eine Bedrohung für Ihr Leben darstellt, so wie in *Single White Female*.

Weniger drastisch dagegen scheint zunächst Typ B zu sein. Auch Typ B ist nicht zufrieden mit seiner Position in der gesellschaftlichen Hackordnung, aber Typ B ist zu clever, um hastig und desperat zu erscheinen. Typ B investiert strategisch ins Stalking und ist ohne weiteres bereit, monatelang zu warten, bevor er Resultate dieser Investition sehen will, denn Typ B hat Zeit und Geld, und das heißt: genug Geld für Opernballkarten, für Mieten von Ferienvillen in Saint-Tropez, für Kelly Bags und Termine bei Dr. Sebagh. Im Gegensatz zu Typ A ist Typ B nicht notwendig an Ihnen als

Person interessiert: Er umkreist einfach einen ganzen Freundeskreis und heftet sich wie ein Schiffshalter am leichtesten Opfer fest. Deshalb sollten Sie auf der Hut sein, wenn sich eine neue Bekanntschaft von Ihnen auffällig stark für ältere Bekanntschaften von Ihnen interessiert.

Auch Typ B dupliziert sich gleich einem hässlichen Computervirus im Lebensentwurf seines Opfers: dieselben Feriendestinationen, Anziehsachen, Fundraiser, Schulen und Internate für Kinder. Typ B aber geht weiter als Typ A: Stalker vom Typ B geben ohne mit der Wimper zu zucken Dinners und Cocktails für Leute, die sie kaum kennen, und sind jederzeit bereit, den Wirt zu verlassen und zu wechseln, wenn der erste ausgesaugt ist. Social Stalker vom Typ B verbinden sozusagen die Perfidie und heimtückische Insinuation von Lady Macbeth mit dem skrupellosen Aufstiegswillen von Becky Sharp und verschmelzen diese miesen Charakterzüge zu einer gesellschaftlichen Planierraupe, die alles plattmacht, was sich ihr in den Weg stellt. Gerade die angelsächsische Kultur ist voll von solchen Prototypen, und wer nicht William Thackerays Roman *Vanity Fair* lesen will, um mehr über Becky Sharp zu erfahren (obschon es sich lohnt), der sollte sich wenigstens den Filmklassiker *All About Eve* ansehen und dabei ein wachsames Auge auf die Hauptfigur, Eve Harrington, werfen. Übrigens kann aus dem harmloseren Typ A jederzeit der aggressive Typ B hervorgehen. So wie aus einer einigermaßen niedlichen Kaulquappe eine entsetzliche Kröte wird.

Raphaela hat, wie gesagt, den Kontakt zu ihrer Stalkerin abgebrochen, aber sie hat die Stalkerin auch rechtzeitig erkannt, weil es sich bei der armen Marcelline um den dritten Typ handelt, Typ C, den Typ, der in jeder Disziplin vorkommt, nämlich den Versager. Social Stalker vom Typ C können ansatzweise eine Strategie wie Typ A oder B verfolgen – sie unterscheiden sich aber von diesen beiden dadurch, dass sie von Anfang an so ungeschickt und ungeduldig vorgehen, dass ihr Modus Operandi jederzeit durchschaubar ist – und sie deshalb zur Erfolglosigkeit verurteilt sind. Der naive Typ C ist jedoch, ich kann nicht deutlich genug darauf hinweisen, eindeutig in der Minderheit.

Strategien gegen Stalking

Die große Gefahr beim Social Stalking liegt genau darin, dass niemand den Stalker erkennt, bevor es zu spät ist. Andererseits besteht kein Grund zu Paranoia. Es liegt ja bei inspirierenden Bekanntschaften in der Natur der Sache, dass man wechselseitig voneinander in irgendeiner Form profitiert – auch wenn es bitter sein kann, dass man Leuten irgendwas zeigt, und am Ende können die es dann besser, betreffe das nun Sport, Society oder Sex. Aber das hat mit Stalking noch gar nichts zu tun. Das Wichtigste hier ist, sich daran zu erinnern, dass man Stalker tendenziell eher an dem erkennt, was sie *nicht* sind: loyal, eigenständig, zuverlässig, treu – und das ist gerade das, was man von Freunden erwartet. Stalker sind notorisch wankelmütig, ein schwankendes Rohr im Winde. Heute noch sind Sie der Gegenstand ihrer ungeteilten Liebe und Bewunderung, morgen schon schneiden sie Sie und können Sie nicht ausstehen – wirklich nicht. Andererseits haben die Stalker Sie schon immer ein bisschen gehasst.

Und wenn Sie nun aufgrund unserer Typologie den einen oder anderen potenziellen Social Stalker in Ihrem hoffnungslos überfüllten Bekanntenkreis ausgemacht haben – was können Sie tun? Entweder gar nichts (Ihr Bekanntenkreis ist sowieso hoffnungslos überfüllt) – oder Sie stellen den Stalker gezielt jemandem vor, am besten jemandem, den Sie loswerden wollen, am allerbesten jedoch einem weiteren mutmaßlichen Stalker. Die neutralisieren sich dann. Oder Sie machen es wie Rapahela und ignorieren die Person. Wir ignorieren ja heutzutage sowieso tendenziell viel zu wenige Personen.

Und das Schlimmste …

»Und weißt du, was das Schlimmste an dieser ganzen Geschichte für mich war?«, fragte mich Raphaela zum Abschluss, »Ich meine, wir alle haben doch früher oder später mal jemanden getroffen, der einen bewundert hat … so Leute, für die man ein Rollenvorbild abgibt … und die einzige Person, die so sein will wie ich, ist irgendeine Verrückte!«

VI.

GYM-ETIKETTE

Der gewöhnliche Mensch zeigt heutzutage viele Persönlichkeitszüge, die, in extremer Form, das Erscheinungsbild des pathologischen Narzissmus ausmachen. Zum Beispiel rennen viele Menschen ins Fitness-Center, um dem allgemeinen Jugendwahn zu huldigen. Zum Beispiel ich. »Fitness Center« ist eigentlich auch eher so ein Achtziger-Jahre-Ausdruck, heute heißt das meistens »Wellness Day Spa Club« oder auch nur noch »Club«, wie in »The Harbour Club« oder »The Bath & Racquets Club«. Ganz früher sprach man vom »Kraftraum«. Ganz früher, bevor ich einen Personal Trainer hatte, habe ich mal in dem sehr spartanisch ausgestatteten Kraftraum an der Eidgenössischen Technischen Hochschule in Zürich trainiert, bis mich da eines Tages ein sehniger und sonnengegerbter Sportlehrer, aus welchem Typ sich dort das Aufsichtspersonal rekrutiert, aufforderte, doch bitte bei meinen Übungen nicht so laut zu atmen. Das wirke auf die Damen unter den Gästen abschreckend. Offenbar hatte ich bei meinen Crunches heftiger geschnauft als Monika Seles. »Aber«, so lautete mein Einwand, »ich *muss* atmen. Andernfalls sterbe ich. Und richtige Damen gehen sowieso nicht ins Gym.«

Grundregel der Trainingsmanieren

Diese kleine Anekdote bringt uns direkt zum Thema: Was ist im Gym erlaubt – und was verboten? Eigentlich befassen sich ja diese Tempel der Körperkultur, die heute eine Massenreligion repräsentieren, mit eher grundlegenden physischen Aspekten der menschlichen Existenz, aber gerade deshalb ist Etikette hier besonders wichtig. Die Grundregel der Trainingsmanieren ist dabei sofort einleuchtend: Das Gym ist, ob die Hanteln nun aus Gold sind oder nicht, eine Institution, in der viele Dinge gemeinsam genutzt werden (wie auf dem Campingplatz oder im Luftschutzbunker), daher ist Rücksichtnahme das oberste Gebot. Das heißt: Es ist unmanierlich, endlos die Brustpressmaschine zu besetzen, obschon man gar nicht presst, son-

dern sich mit seinem Trainer über den Unterschied zwischen aeroben und anaeroben Trainingseinheiten oder über das neue Swarovski-Telefon von Nicole Richie unterhält. Noch unmanierlicher ist es, das Laufband am Fenster mit einem Handtuch zu reservieren, während man noch mit dem Konsum von Protein-shakes an der Bar beschäftigt ist. Man sollte bewegliche Gewichte nach Beendigung der Übungen wieder abnehmen und zurücklegen, auch wenn es sich nur um Fliegengewichte handelt, weil nach Ihnen vielleicht der unglaubliche Hulk trainieren will, den man dann verwundert fragen hört: »Nanu. War Ivana schon wieder an den Hanteln?«

Irritierend ist auch übertrieben kompetitives Verhalten an den Gewichten oder auf den Treppenstufensimulatoren. Lautes Grunzen, Zischen und orgasmisches Keuchen sind ebenso tabu wie Flüche und Kraftausdrücke. Außerdem sollte, nicht zuletzt im Interesse der eigenen Sicherheit, das exzessive Posieren vor den im Gym regelmäßig vorhandenen Spiegelwänden vermieden werden. Ich selbst beispielsweise bin mal von einem Laufband gefallen, weil ich den graziösen Fluss meiner Bewegung während des Laufens zu sehr im Spiegel bewundert habe.

Typen im Gym

Apropos Ivana: Sie werden in jedem Gym grundsätzlich immer Vertreter der folgenden Typen finden: den ehrgeizigen Anfänger, der auf einem Clipboard seine Übungen abhakt; Hedge-Fonds-Manager und asthenischer Web-Designer in der Mittagspause; Damen jeder Altersklasse, die unbedingt abnehmen wollen; blonde 25-jährige Russinnen mit Personal Trainer (besonders in Zürich); normale Jungs; brasilianische Strandkraftprotze; seriöse Bodybuilder, so-

fern das kein Widerspruch in sich ist; und hormongespritzte, homosexuelle Partyqueens mit wenig eigenem Testosteron. Die relativen Anteile dieser Typen schwanken dabei je nach Preis, Image, Betreuungsangebot und Lage des Fitness Clubs. Jedenfalls lässt sich so viel sagen: Wenn Ihr Gym in einem ehemaligen Industriegebiet liegt, das jetzt ein schickes Wohnquartier ist, zwischen Inneneinrichtungsläden, Lofts, Bars und Herbies Ledermützenparadies, und Sie selbst ein eher scheuer, heterosexueller Mann sind, sollten Sie sich lieber woanders anmelden.

Gym-Psychologie

Dabei gilt natürlich, und zwar unabhängig von Ihrer sexuellen Präferenz: Sex ist tabu. Gerade weil Krafträume im Grunde voller sexueller Energie stecken, mit all dem Stöhnen, Pressen, Drücken, Kolben, Bolzen, Stahl, geschwollenen Adern, verrenkten Beinen

… wo war ich? Richtig: Sex ist tabu. Hingegen ist es heutzutage nicht mehr verdächtig, dass sich Männer im Kraftraum Komplimente über ihre Körperform machen und ihr Gewicht vergleichen (und überhaupt ins Training gehen). Dem zum Trotze – und obwohl der Missbrauch von kraft- und muskelmassesteigernden Substanzen heutzutage allerorts im Schwange ist und manch Unternehmensberater oder Art Director mehr Pharmazeutika konsumiert als Kathrin Krabbe und Judy Garland zusammen – heißt das keinesfalls, dass Sie jemanden fragen dürfen, was für Steroide er (oder sie) nimmt.

Ansonsten orientiert sich der Small Talk beim Training einfach an den üblichen Regeln – mit ein paar Gym-spezifischen Erweiterungen: Wehwehchen, besonders Sportverletzungen (nicht Impotenz oder Hodenschrumpfung), sind jederzeit ein zulässiges Thema. Körpergewicht ist nur unter Männern zulässig, für Frauen nach wie vor tabu. Generell sollten Sie beim Umgang mit Bodybuildern darauf achten, dass die meisten zwar irre nett sind, aber unter einer ähnlichen Wahrnehmungverzerrung wie Anorektiker leiden, einer sogenannten *Body Image Distortion* (BID), bloß quasi umgekehrt: Sie finden sich immer zu schmächtig. Und, apropos Anorektiker: Während Essen früher beim Training als unanständig galt, wird dies heutzutage wesentlich lockerer gehandhabt: Praktisch jedes Gym ist mit einem Nahrungsergänzungspräparateshop ausgestattet. Supplemente sind eine Wissenschaft für sich, aber jedenfalls kann ein Eiweißshake nach dem Training nicht schaden.

Dress Code im Gym

Die wichtigste Garderobenvorschrift beim Trainieren lautet: Zeigen Sie, auch wenn Sie wahnsinnig stolz auf Ihre neuen, voluminösen Oberarme sind, nicht zu viel Haut. Das ist narzisstisch und ordinär. Oben ohne für Männer ist allerhöchstens noch am Muscle Beach in Venice akzeptabel. Und mit diesen klassischen bauchfreien Bodybuilding-Oberteilen aus den achtziger Jahren sieht selbst der beste Torso aus wie Jennifer Beals nach einer Anabolikakur. Für Ober- wie Unterteile gilt übrigens: Hauteng

ist ebenso wenig empfehlenswert wie nackt. Und, da wir von Jennifer Beals sprechen: Grundsätzlich sollten Sie im Gym so wenig Juwelen wie möglich tragen. Verzichten sollten Sie, gerade als Anfänger, auch auf übertriebene pseudoprofessionelle Accessoires. Wenn Sie zum ersten Mal in Ihrem Leben einen Klimmzug machen, brauchen Sie keinen Dippingbelt zur Gewichtserhöhung oder Stabilisation (und in der Regel werden Sie lange keinen brauchen). Trainingshandschuhe können hingegen nicht schaden.

Der gute Rat zum Schluss

Zwei Empfehlungen zum Schluss: 1. Für Herren: Vergessen Sie die Beine nicht. Beim Trainieren, meine ich. Oder wollen Sie eine Figur wie Larry the Lobster aus Bikini Bottom? 2. Für alle: Selbstverständlich gilt für die Umgangsform im Gym, wie für jede Etikette. Wenn Sie die Regeln kennen, können Sie sie brechen. Zum Glück. Denn wie bitte soll man den kategorischen Schönheitsidealen unserer unbarmherzigen Wohlfühlgesellschaft je entsprechen können, wenn man beim Krafttraining alle Kraft darauf verwendet, Schnaufgeräusche zu unterdrücken, weil nämlich Muskelaufbauzentren gleichzeitig ein Heim für scheue kleine Feen und Elfen sein sollen? Das bringt uns zurück zum oben erwähnten Sportlehrer und zu einer unsterblichen Weisheit Plutarchs: »Ubi athletus, ibi asinus.« Zu Deutsch: Wo der Sportler weilt, ist stets auch ein Trottel zu finden. Und nun entschuldigen Sie mich bitte. Ich gehe in den Kraftraum, Leute anstarren. Das macht keinen Lärm.

VII.

DER GUTE GESCHMACK

Wir widmen uns im folgenden Kapitel den Fragen des Geschmacks. Neben den Grundregeln der Garderobe und dem Sonderproblem der männlichen Barttracht wollen wir dabei vor allem auch einer der häufigsten Fehlwahrnehmungen mit Bezug auf Geschmacksfragen begegnen, dass nämlich weniger stets mehr sei. Diese Maxime, aus der das Phänomen des Nulldesigns hervorgegangen ist, ist nicht weniger falsch als die gegenteilige Auffassung: Pimping um jeden Preis. Dazu gleich mehr. Zunächst zu jener uralten Frage: Was soll ich anziehen?

Dress Code für jeden Tag

Einer der Hauptzwecke von Anziehsachen – neben dem Schutz vor Witterung und der Möglichkeit, sein Mobiltelefon unterzubringen – ist der Putz. Man zieht sich an, um etwas darzustellen, zum Beispiel Macht, Reichtum, Coolness oder Paarungsbereitschaft. Heutzutage besteht in dieser Demonstrationsfunktion der Garderobe ihr eigentlicher Hauptzweck, wenigstens in den westlichen Wettbewerbsgesellschaften, in denen wir glücklicherweise leben.

Die meisten Leute wollen natürlich attraktiv aussehen und ihren Partnergegenwartswert (PGW) erhöhen, und nun ließe sich ja denken, dass die Attraktivität und damit die Chancen für Geschlechtsverkehr stiegen, je knapper und figurbetonter die Kleidung gewählt würde. Diese Auffassung ist ebenso weit verbreitet wie falsch. Und zwar aus zwei Gründen.

Erstens nämlich braucht man für figurbetonte Kleidung: eine Figur. Das sollte eigentlich jedem einleuchten. Doch noch zu keiner Zeit in der menschlichen Kulturgeschichte haben so viele Leute Hüfthosen und Muscle Shirts getragen, die sich das absolut nicht erlauben können. Zweitens, und noch wichtiger, ist Sex Appeal seinem Wesen nach etwas Unbewusstes, Nicht-Forciertes. Bevor Sie also auf die Straße gehen wie Sidewalk Sally, denken Sie an die Worte Ihrer Mutter: Man soll das Fleisch nicht ins Fenster hängen, wenn es nicht zu verkaufen ist. Falls Ihre Mutter nie etwas Derartiges zu Ihnen gesagt haben sollte: Willkommen in meiner Welt!

Obendrein ist die Welt, und zwar nicht nur meine, natürlich sehr ungerecht, und sie teilt sich seit je in zwei Lager: Leute, die sexy sind; und die, die das nicht sind. Wechsel zwischen den Lagern sind selten und kommen tragischerweise vor allem in Richtung vom Sexy Camp ins Not-So-Sexy-Anymore Camp vor.

Das heißt aber nicht, dass jemand, der sexy ist, so ziemlich alles anziehen könnte – das ist bloß eine andere weit verbreitete Auffassung, die ebenfalls falsch ist. Richtig ist hingegen, dass viele Menschen angezogen besser aussehen als nackt, und zwar egal, wie schlecht sie gekleidet sind. Aber es existiert eben auch der gegenteilige, tragischere Fall: Jemand sieht nackt oder beinahe nackt irre attraktiv aus, dann zieht er oder sie ein Paar Caprihosen oder ein Abercrombie-&-Fitch-T-Shirt an, und man denkt: Urrg – schade!

Die Grundregel der Garderobe

Sofern man Reize hat, kann man die durch Kleider besser oder schlechter darstellen. Die dazu gehörige Regel ist leider nicht mehr sehr weit verbreitet, was wirklich betrüblich ist, denn diese Auffassung ist zeitlos und gültig. Sie lautet: Wer es zu hart versucht, hat

schon verloren. Das Wichtigste ist Authentizität. Oder, um noch einmal Sebastian Horsley zu zitieren: »Style is not elegance but consistency.« In Zeiten, in denen wir alle sowieso schon von morgens bis abends mit Reizen überflutet werden und die Alterskohorte von 14 bis 34 (oder, in manchen Fällen, bis 44) entweder rumläuft wie Kandidaten für *Deutschland sucht den Superstar* oder wie Sarah Kuttner, sollte man sich vielleicht mal auf was Echtes zurückbesinnen. Nicht was vermeintlich Echtes aus einem überteuerten Secondhand-Laden in Friedrichshain (da wären wir ja sonst wieder bei Sarah Kuttner), sondern zum Beispiel auf dieses Pacha-Kirschen-T-Shirt, was man seit 1994 im Schrank hat.

Durch die Ausstrahlung von Echtheit realisiert man strategische Vorteile im Paarungskampf. Im Übrigen ist der Paarungskampf – eben ein *Kampf*, und deshalb sollte man nicht zimperlich sein in der Wahl seiner Waffen. Uns allen ist es doch schon mal passiert, dass wir, zum Beispiel in der Leihbücherei oder bei der Kommunion von Cousine Nina, vielleicht einen Tick zu ordinär angezogen waren, aber keine Sorge, das ist heutzutage ein Massenphänomen. Janet Jackson ist das sogar beim Super Bowl widerfahren. Man nennt das *Wardrobe Malfunction* – nicht zu verwechseln mit jener Art von Funktionsstörung, die beispielsweise vorliegt, wenn Sie feststellen, dass Ihr Penguin-Anorak doch nicht so ganz wasserdicht ist. Ein deutlicher Hinweis auf Wardrobe Malfunction im Janet-Jackson-Sinne liegt immer dann vor, wenn Sie vor den Spiegel treten und bei nüchterner Betrachtung konstatieren müssen: Ihr Auftritt wäre diskreter, wenn Sie in Reizwäsche an einem Cocktailwürstchen knabberten.

Dürfen Männer Bart tragen?

Burt Reynolds ist cool und sexy. Ich meine, heute, nach soundso vielen Liftings hat Burt Reynolds natürlich schon ein wenig von seinem Appeal verloren und kann gelegentlich mit Priscilla Presley oder Bruce Jenner verwechselt werden, aber in diesen meisterhaften Filmen wie *Smokey and the Bandit* oder *Cannonball Run* wirkt er immer noch großartig. Und Burt Reynolds wäre ohne Schnurrbart nicht vorstellbar (obschon er gar nicht immer einen trug). Burt

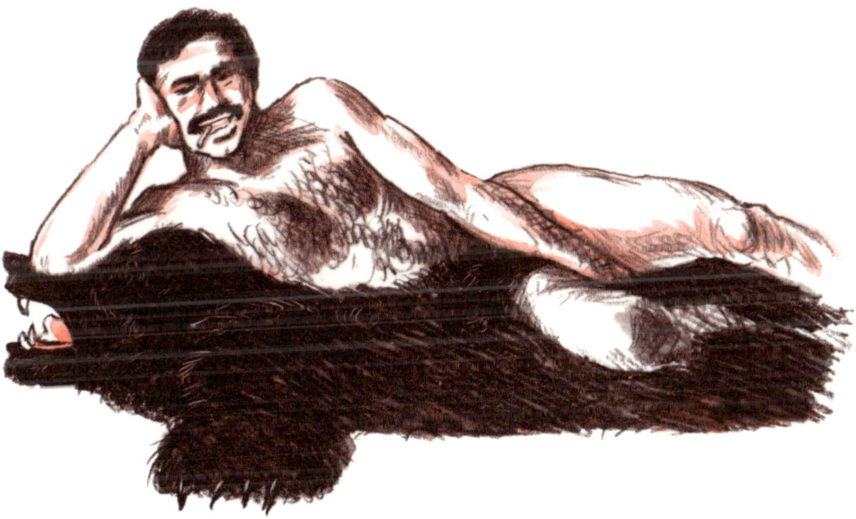

Reynolds sah 1977 ein bisschen aus wie ein Mitglied von The Killers heute. Oder von The Whitest Boy Alive oder We Are Scientists oder wie diese ganzen coolen (und wahrscheinlich zum Zeitpunkt des Drucks schon zum Teil wieder aufgelösten) New-Rave-Bands heißen mögen. Denn für die schicken jungen Männer von heute ist der Schnurrbart wieder ganz da. Ja, der Schnauz ist zurück! Big Time.

Bei Latinos und schwarzen Männern hingegen war die Oberlippenbehaarung stets ein unironischer Bestandteil der Männlichkeitskultur und auch popkulturell nie mehr ganz verschwunden, seitdem der Schatten über der Oberlippe mit den Anfängen der Rap-Bewegung in den frühen achtziger Jahren sein Début erlebte. Die Assoziation mit Maskulinität und Macht finden wir in der Milieugeschichte männlicher Gesichtsbehaarung auch in der europäischen Tradition des sogenannten *Military Moustache*: Kaiser, Za-

ren und praktisch sämtliche Männer in den britischen Regimentern während des Ersten Weltkrieges trugen einen Schnurrbart.

Nach den Kaisern und Zaren betraten allerdings ein paar schreckliche Diktatoren die Bildfläche, die allesamt Haare über der Oberlippe trugen (na ja, bis auf Mao – aber dafür hatte dessen Gattin bekanntlich Haare auf den Zähnen), und allerspätestens zu diesem Zeitpunkt der Geschichte manifestierte sich die dieser Haartracht seit je innewohnende Ambivalenz: das Dämonische des Schnurrbarts. Gecken, Schurken und Räuber werden seit ewigen Zeiten bevorzugt mit Barttracht dargestellt. Ja, Luzifer selbst trägt meistens ein Bärtchen zum Bocksfuß.

Aber auch Jesus war Bartträger, und im Zuge der antiautoritären Welle in der zweiten Hälfte des letzten Jahrhunderts änderte sich wiederum die Ikonographie der fazialen Behaarung: 1967 präsentierten die Beatles Schnurrbärte auf dem Cover von *Sgt. Pepper's Lonely Hearts Club Band*, und im Album steckten Schnauzer aus Pappe. Damit wurde die Ära der Blumenkinder eingeläutet, von denen die meisten sich nicht nur mit einem Bärtchen zufrieden gaben, sondern gleich aussahen wie Chewbacca oder Cousin Itt.

Natürlich gab es immer ein paar Hartnäckige, die auch danach am Schnurrbart festgehalten haben, Salvador Dalí beispielsweise, dem der Ausspruch zugeschrieben wird »Ohne Schnurrbart ist ein Mann nicht richtig angezogen«, oder Tom Selleck, der als Magnum PI den Schnauz durch die achtziger Jahre rettete. Für den Mainstream retten konnte er ihn freilich ebenso wenig wie Hollywood-Ringer und Fernsehvater Hulk Hogan den Moustache in der besonderen Form des Fahrradlenkers.

Vielleicht hängt das damit zusammen, dass so ein ordentlicher Schnurrbart mit Arbeit verbunden ist. Man muss ihn trimmen, zwirbeln, wichsen und wachsen. Es ist nicht leicht, Suppe zu essen oder Latte macchiato zu trinken. Ein paar Leute, vor allem Damen, behaupten sogar, der Schnurrbart störe beim Küssen, und schon deshalb wird der Schnauz immer was für überzeugte Männer bleiben und eignet sich nicht als plakativ-ironisches Retro-Accessoire, selbst heute nicht, wo Ironie scheinbar durch Massenimpfung verabreicht wird. Die letzten Dekade sah unter anderem jede Menge lächerlicher Koteletten und sonstiger metrosexueller Bartmuster, und ein paar ganz mutige Grafiker und Sachbearbeiter probierten zu ihrem Faux-Mohican-Haarschnitt (kurz: Fo-Mo) noch den Fu-Manchu-Moustache (kurz: Fu-Ma), dessen abwärtszeigende Spitzen nach chinesischer Art bis über die Kieferlinie gehen und den sich, neben alten weisen Chinesen, im Grunde höchstens professionelle Motorradrocker und Killer-Ninjas erlauben können. Und dies Beispiel belegt endgültig, was wir ohnehin schon ahnten: Ein Schnauzer ist das männliche Äquivalent zur Gretchenkranzfrisur von Julia Timoschenko: Kann man nur tragen, wenn man die nötige Selbstverständlichkeit aufbringt. Schnurrbärte sind weder cool noch uncool, und schon gar nicht sind sie so schmerzhaft uncool, dass sie schon wieder cool sind. Sie sind eine reine Frage der Attitüde. Wenn man keine hat, kann man einen tragen. Alles andere ist peinlich.

Pimping

Da wir von Attitüde sprechen: Das neuenglische Verb *to pimp* wird heute vor allem synonym benutzt mit »etwas attraktiver oder cooler aussehen lassen« (zum Beispiel in Formulierungen wie *Yeah, I was totally pimping up my CV today!* oder *pimpin' fresh* oder *pimpin' it desi style*, wobei dies Letztere auch alles mögliche andere bedeuten

kann, wie Ihnen die Bewohner von sozialen Brennpunktvierteln nordamerikanischer Großstädte gerne erklären). Und das Pimp-Phänomen ist längst so verbreitet wie Herpes oder Hüfthosen. Jeder kann sich zu diesem Behufe an MTV wenden – oder an ähnliche oder schlechtere Adressen. Von *Pimp My Ride* über *Pimp My Career* bis zu *Pimp My Wife* und, folgerichtig, *Pimp My Whatever* wird heutzutage im Rahmen jenes gewaltigen massenmedial vorangetriebenen popkulturellen Daseinsverbesserungsprojektes, in das wir alle verstrickt sind, von vermeintlichen Experten schlechthin alles verschönert: Wohnzimmer, Büros, Lebenspartner, Eltern, Parties und Hundehütten.

Die Botschaft, dass durch Aufpolieren der Oberfläche die Lebensqualität steige, wird den Pimp-Formaten von Kritikern häufig unterstellt. Und zwar zu Recht. Und die Ästhetisierung sämtlicher Lebensbereiche wird natürlich angeführt durch die Stilisierung des eigenen Ichs in Kleidung, Manieren und erlebnisorientierten Freizeitvergnügungen. Dabei ist ein »Pimp« der Wortbedeutung nach zunächst schlicht ein »Zuhalter«. Früher war das Ludentum für viele schwarze Amerikaner die einzige Möglichkeit, zu Geld zu kommen. Heute ist das (neben dem Sport) der Hip-Hop. Und der Pimp-Lebensstil der arrivierten schwarzen Hip-Hop-Kultur zitiert die Zuhälter-Assoziationen als ironische Referenz: Jede Menge funkelnder Steine, Glücksspiel, Marihuana- und Champagnerkonsum und eine beträchtliche Sammlung funkelnder Karossen (fachsprachlich *Flash Cars*) sind Symbole eines Hedonismus, für den soziale Anerkennung vorwiegend durch das öffentliche Zurschaustellen des eigenen Besitzes erreicht wird. Diese Attitüde wird über das Jugendfernsehen und durch diverse Werbeagenturen massenwirksam transportiert und imitiert von modernen Gesellschaftssegmenten wie Grups und Metrosexuellen – also vor allem von Kreativen und Semi-Kreativen, die nicht erwachsen werden wollen und ihre Stellwandnische im Großraumbüro mit Ali-G-Puppen und kleinen Wasserpfeifen dekorieren, obschon sie eigentlich als Art Buyer oder Account Manager oder Sachbearbeiter angestellt sind.

De-Pimp Your Life

Und hier beginnt das Problem. Die Sache ist eben die, dass zum Pimp Style trotz aller Protzerei auch eine gewisse Selbstironie gehört (wie sie etwa meisterhaft Snoop Dogg in seiner MTV Show *Doggy's Fizzle Televizzle* an den Tag legte). Ironie aber ist keine Massenbegabung, obschon man das in den neunziger Jahren dachte. Da helfen noch so viele Totenkopfgürtelschnallen und Leopardenfellfahrradsättel rein gar nichts. Die neunziger Jahre sind vorbei und mit ihnen das Image totaler Entspannung, als flipfloptragende Mittzwanziger, die auf Razor Scooters um die Lofts von Silicon Valley fuhren, wie die Zukunft der Arbeitswelt aussahen. Wenn heutzutage die Wohnung (oder schlimmer: das Büro) von Mittdreißigern wie ein Kinderzimmer aussieht und gestandene Erwachsene, die ihre Brötchen zum Beispiel mit dem Verkauf von Versicherungen verdienen, sich anziehen wie Rummelplatzfiguren, wird es höchte Zeit für: De-Pimp.

Mit De-Pimp ist natürlich nicht pseudo-zenmäßige Reduktion oder irgendein Feng-Shui-Mist gemeint, sondern einfach die Rückkehr zur Sachlichkeit. Damit will ich sagen, dass ein bisschen Seriosität per se keine Schande ist. Schauen Sie mal an sich runter: Tragen Sie so viele Juwelen, dass Sie länger als zehn Minuten brauchen, um am Flughafen durch den Metalldetektor zu kommen? Kein Wunder, dass Sie niemand ernst nimmt. Nehmen Sie einfach ein paar Ketten ab.

Nun kann man es selbstverständlich auch mit der Seriosität übertreiben. Es gibt in allen Bereichen des Lebens, die Geschmacksfragen involvieren, diese bombensicheren Optionen: Automobile von Jaguar, Sonnenbrillen von Ray Ban, Vasen von Iittala, Armbanduhren von Patek und Anzüge von Armani zum Beispiel gehören mittlerweile zum Massengeschmack der gehobenen Kreise. Es handelt sich bei diesen Dingen um Klassiker des Gebrauchsdesigns, weg- und richtungsweisend in ihrem Feld, bekannt und berühmt, oft rein und essenziell das Wesen ihrer Gattung verkörpernd und in der Designsammlung des MoMA vertreten. Ihre Anschaffung ist gesellschaftlich vollkommen risikolos, denn niemand, der sich für einigermaßen versiert und kultiviert hält, wird sie unschön finden. Jedes einzelne dieser Objekte mag von schlichter Eleganz und zeitloser Schönheit sein (abgesehen vielleicht von Ray Bans Clubmaster-Modell), doch zusammen sind sie: nichts, null.

Leicht problematisch wird es also, falls jemand durch den ausschließlichen Besitz dieser Dinge sein Leben zur MoMA-Sammlung macht, wenn also der Inhalt flöten geht und der bloße Besitz zur Botschaft wird. Gerade insofern aber repräsentieren solche Sachen ein Nullstatement, white noise. Und wer den risikolosen background noise dazu möchte, der hört Miles Davis.

Sind Sie anfällig für Nulldesign?

Anfällig für Nulldesign sind besonders heterosexuelle Männer. (Denn sowohl Frauen wie auch Homos achten bei der Ausstaffierung ihres Lebens im Durchschnitt eher auf Individualität bzw. eine persönliche Note – so schrecklich die Ergebnisse im Einzelnen auch sein mögen.) Natürlich sind nicht jene Herren gefährdet, für die das klassische Männerzimmer immer noch nach folgender Formel perfekt eingerichtet ist: *Sperrmüllsofa + Bierdosenhalter + Großbildfernseher*. Solche Exemplare gibt es erfrischenderweise immer noch, obschon sie allmählich vom Aussterben bedroht sind. Denn der durchschnittliche heterosexuelle Mann als solcher wird heutzutage quer durch alle Schichten immer eitler und stilbewusster; Männermagazine und Wirtschaftszeitungen bringen plötzlich Anzieh- und Einrichtungstipps, und selbst Unternehmensberater und Diplom-Ingenieure kriegen auf einmal so eine Art kreatives Selbstverständnis. Es gilt nicht mehr als unmännlich, sich mit Stilfragen zu befassen und damit sogar sein Geld zu verdienen – aber manch moderner Mann bleibt ob dieses abrupten Rollenwechsels trotzdem ein bisschen angeschlagen in seiner Männlichkeit. Und wenn man einerseits ein wenig verunsichert und andererseits ziemlich statusorientiert ist, dann greift man eben mit Vorliebe auf prestigemäßig so sichere Anschaffungen wie einen Lounge Chair von Eames zurück.

Und wie sieht's bei Ihnen aus? Lassen Sie gerade dies Büchlein sinken und stellen fest, dass Sie heute wieder ganz in Grautönen gekleidet sind? Betrachten Sie Ihr Zuhause mit der USM-Haller-Kombination und dem Gerhard Richter an der Wand (beim Esstisch) und fragen sich, ob Sie auch schon viel zu sehr auf Nummer sicher gehen? Nun, das können Sie leicht nachprüfen. Beantworten Sie einfach für sich die nachfolgenden fünf Testfragen, auch bekannt als Wirklich-profillos- bzw. WIP-Check: 1. Besitzen Sie mehr als drei Mies-van-der-Rohe-Möbelstücke pro 50 Quadratmeter Wohnfläche? 2. Ist Ihre erklärte Lieblingsfarbe Mittelbeige? 3. Lassen Sie sich lieber mit Sonnenbrille fotografieren, auch wenn die Sonne gar nicht scheint? 4. Haben Sie tagelang daran zu knabbern, wenn andere Menschen sich vermeintlich abfällig über Ihre Erscheinung oder Geschmackssicherheit äußern? 5. Hat ein Gast bei Ihnen zuhause sich schon mal erkundigt, wo das Röntgenzimmer ist?

Strategien gegen Nulldesign

Wenn Sie mehr als drei dieser Fragen mit ja beantworten, sind Sie wahrscheinlich kurz davor, sich einen Audi TT zuzulegen. Sofern der nicht schon bei Ihnen in der Garage steht. Dann ist es höchste

Zeit, die Notbremse zu ziehen! Dekorieren Sie Ihr Leben um! Investieren Sie in ein bisschen Persönlichkeit. Und falls Ihre Persönlichkeit unter all den Designklassikern verschütt gegangen ist, gehen Sie einfach Schritt für Schritt vor. Zuerst erinnern Sie sich an Ihre Kindheit. Jeder hatte eine Kindheit, auch Sie. Falls Sie die Muppets mochten, kaufen Sie im nächsten (oder, falls dort ausverkauft, im übernächsten) Comicladen eine riesige Beaker-Figur und stellen die mitten ins USM-Regal, direkt neben den Briefbeschwerer von Henry Moore. Sie werden verwundert sein, wie sich augenblicklich das Raumgefühl ändert!

Ich weiß, das wird Ihnen jetzt völlig undenkbar vorkommen – aber, Sie werden sehen, sobald der Beaker-Schritt getan ist, entwickelt die Neuausstattung Ihres Lebens eine unaufhaltbare Eigendynamik: Pink-Panther-Bettwäsche im Schlafzimmer, ein gigantischer Baseball Foam Finger als Aufsatz auf der KPM-Urne, ein signiertes Foto von Brigitte Nielsen neben Gerhard Richter … denn das Gute an der ganzen Sache ist ja, dass Sie selbstverständlich kein einziges Ihrer Designwunder wegtun müssen. Sie müssen sie quasi bloß neu assoziieren. Na ja, vielleicht bis auf den Audi TT. Den müssen Sie dann eventuell doch nach Osteuropa verkaufen und durch einen 72er Oldsmobile Delta Royale in Schwarz ersetzen, so wie Iggy Pop ihn fährt.

Iggy Pop gehört übrigens auch zu den Leuten, die mit zerrissenen Jeans und Lederwestchen rumlaufen können, bis sie 150 sind. Aber das können nur wenige (schon Mick Jagger eigentlich nicht mehr). Grundsätzlich gilt: über 50 und in Leder – das geht höchstens für eine Couch (oder, um beim Thema zu bleiben: für einen Eames Chair). Trotzdem kann man in jedem Lebensalter gut angezogen sein, ohne dafür ausschließlich auf Klassiker der stilvollen Garderobe zurückgreifen zu müssen. Männer über 35 sollten allerdings tatsächlich mit jeder Art von Farbe sehr vorsichtig sein – und Frauen übrigens auch. Auch komische Mixturen, die forciert unkonventionell wirken möchten, sind in der Regel bloß peinlich, zum Beispiel Turnschuhe zum Anzug.

Greifen Sie stattdessen lieber mal wieder auf Stücke mit Geschichte zurück, zum Beispiel den alten Lambswoolpullover mit den Ellbogenflicken, den Sie damals in Cambridge zum Punting anhatten und von dem Sie sich aus guten Gründen niemals trennen konnten, ohne ihn seit zehn Jahren wirklich angezogen zu haben. Achten Sie weniger auf Marken. Machen Sie sich lieber bewusst, dass Sie nicht automatisch tot umfallen werden, wenn Sie mal Vichy-Karo oder ein dezent quergestreiftes Polohemd tragen (geht nicht bei Figurproblemen oder Fernsehauftritten). Und: Rosa (nicht Pink!) für Männer ist das neue Schwarz. Oder, in Ihrem Fall, das neue Mittelbeige.

Wohin mit Luxusplunder?

So nichtssagend pseudofernöstliche Kargheit sich darstellt, so irritierend (und gefährlich) ist es andererseits, rückwärts von einem Barcelona-Hocker zu fallen, nachdem man versucht hat, einen Stapel T-Shirts irgendwo zwischen Bruce-Weber-Bildbänden und Rugbypokalen aus Frensham Heights zu platzieren, weil die Schränke längst zu voll sind. Genau dies ist mir neulich passiert. Da wurde mir klar: Bei uns zuhause sieht es eventuell bereits aus wie bei Ralph Lauren. Aber nicht wie bei Ralph Lauren zuhause, sondern wie in einem Ralph Lauren Flagship Store. Ich bin, sozusagen, ein Ralph-Lauren-Messie.

Haben Sie sich schon mal überlegt, dass der Unterschied zwischen einem Classic Messie (CM) und einem Posh Messie (PM) eventuell nur ein gradueller und kein qualitativer ist? Genau wie man sowohl über Schraubverschluss-Sangria als auch über Vintage Dom Pérignon 1956 zum Alkoholiker werden kann. Damit will ich sagen: Ich für meinen Teil leide zwar nicht an einem ungerichteten Sammelzwang wie Ihr durchschnittlicher Messie; nein, im Gegenteil, ich werfe andauernd jede Menge weg und verschenke jede Menge und schicke jede Menge in unterentwickelte Länder – aber ich schaffe auch jede Menge an. Und wenn ich auch keine Drahtbügel und welken Blumensträuße horte und vielleicht nicht mal an *Attention Deficit Disorder* (ADD) leide, so scheinen mich doch ein gesunder Besitztrieb und die Freude am Einkaufen in eine *Too-Much-Of-Anything* (TMOA)-Situation manövriert zu haben, in der ich, eingeklemmt zwischen afrikanischen Fruchtbarkeitsstatuen und Versace-Kristallaschenbechern, eigentlich nur noch den klassischen Messie-Ruf ausstoßen kann: Hilfe, ich werde von meinen Sachen erschlagen!

Was kann man tun, wenn man zu viel besitzt?

Was nun kann man tun, wenn man einfach zu viel Zeug besitzt? Eine nahe liegende Lösung ist natürlich der Erwerb immer größerer Anwesen, aber das ist nur für Kimora Lee Simmons oder Lily Safra eine greifbare Lösung (die in diesen Fällen auch praktiziert wird). Auch die Einrichtung vorgeblich gemeinnütziger Stiftungen, welche die Überschüsse an Besitztümern dann zu vermeintlich guten Zwecken versteigern, bleibt eher den höheren Sphären vorbehalten.

Der europäische Durchschnitts-Posh-Messie hingegen sieht sich mit Schwierigkeiten konfrontiert: Die Durchführung von Yard Sales oder Garage Sales, also quasi der Abverkauf überflüssigen Eigentums vor der eigenen Haustür, gilt in unseren Breiten (im Gegensatz zu den USA) als sozial auffällig und als Hinweis auf akute Statusprobleme. Bleibt nur die Entsorgung über das Rote Kreuz (aber die nehmen kein Louis-XVI-Mobiliar) oder professionelle Händler (was gleichfalls Gerede verursacht). Oder das Weiterver-

schenken. Falls Sie irgendjemanden kennen, der nicht selbst schon viel zu viel hat. Dazu ein Warnhinweis: Versuchen Sie nicht, Geschenkverpflichtungen durch Weitergabe Ihres Luxusplunders zu erledigen, indem Sie die Sachen als neu ausgeben (auch wenn sie unbenutzt sind). Die Welt der Kundenkarteien und Einkaufsberater ist nämlich klein, und die Wahrscheinlichkeit, dass Ihr Schwindel auffliegt, ist größer als die Wahrscheinlichkeit, dass Tita Thyssen ihrem Sohn die Heirat mit diesem spanischen Nacktmodell niemals vergibt, also nahe an eins.

Posh-Messie-Prävention

Der Schlüssel zum Ausweg aus dem Teufelskreis scheint stattdessen viel eher (wie bei allen suchtähnlichen Problematiken) in der Prävention zu liegen: weniger anzuschaffen. Ja, ich weiß, das ist schwer, aber Sie müssen Ihre Haltung ändern. Dieser Bewusstseinswandel setzt natürlich voraus, dass Sie zunächst realisieren, dass Sie überhaupt am *Posh Messie Syndrome* (PMS) leiden. Um dies herauszufinden, gehen Sie wie folgt vor: Sie besuchen einfach eine der diversen Internetseiten von anonymen Messie-Selbsthilfegruppen, nehmen die auf diesen Seiten regelmäßig angebotenen Testsätze, mit deren Hilfe man seine Messie-Neigung herausfinden kann, modifizieren diese Testsätze ein bisschen poshmäßig und sehen dann, ob Sie die Statements in dieser Form bejahen würden.

So wird zum Beispiel aus dem klassischen Messie-Statement *Bei mir sammeln sich ungezählte Ausschnitte aus Zeitungen, Heften und Dokumenten. Die können mir später als wichtige Informationsquellen dienen* in der Posh-Variante: *Bei mir sammeln sich ungezählte Louis-Vuitton-Koffer, Patek-Uhren und Aubusson-Teppiche. Sie sind wichtige Stützen meiner Lebensqualität, und außerdem brauche ich sie später, wenn ich eines Tages von Ivana auf ihre Yacht eingeladen werde.* Oder aus *Ich bin in einer Zeit oder in einer Umgebung aufgewachsen, wo viele Dinge des täglichen Bedarfs Mangelware waren* wird: *Ich bin in einer Zeit oder in einer Umgebung aufgewachsen, wo man von Nannies erzogen wurde und es das Wichtigste war, nicht dick zu sein.* Beziehungsweise aus *Eine Ansammlung von Gegenständen aus einer Haushaltsräumung fasziniert mich. Wenn was Brauchbares dabei ist, nehme ich das selbstverständlich mit* wird: *Ein Chanel Sample Sale fasziniert mich. Was immer mir da unter die Finger kommt, nehme ich selbstverständlich mit.*

Sehen Sie? Das ist nicht schwer. Je leichter Ihnen die Übertragung fällt, desto gefährdeter sind Sie leider allerdings.

Der gute Rat zum Schluss

Falls Sie einen stark ausgeprägten Besitztrieb haben, versuchen Sie nicht, Ihr an Suchtverhalten grenzendes Hortungsverlangen umzulenken auf Drogen oder Glücksspiel. Die Methode verspricht zwar anfangs einigen Spaß und auch Erfolge (nicht zuletzt weil Ihnen mit der Zeit immer weniger Geld zum Einkaufen zur Verfügung steht), ist aber bereits mittelfristig aus offensichtlichen Gründen problematisch. Praktizieren Sie stattdessen lieber die *Elizabeth-Taylor-Methode* (ETM): Wenn es Ihnen schon schwer fällt, Ihren Besitztrieb zu zügeln, so richten Sie ihn wenigstens auf Objekte, die wenig Platz brauchen und trotzdem hübsch und wertbeständig sind: Juwelen. Nachteil: Einige besonders große und schöne Steine sind eventuell mit einem Fluch belastet. Sie sehen, es bleibt eigentlich, mal wieder, nur der mühsamste Weg: beharrliches Überwinden des Verlangens, Dinge anzuschaffen, mit kleineren Verzichten anfangen, sich schrittweise steigern. Ihr prinzipieller Leitsatz muss werden »Brauche ich das wirklich?« und nicht »Mal sehen, was hier am teuersten ist!« Was uns wieder zu den Geschmacksfragen bringt. Und hier haben Sie natürlich längst mitgekriegt, worauf ich hinauswill: Geschmack ist, wie Diplomatie, eine Frage der

Balance. Und damit haben Sie's geschafft! Herzlichen Glückwunsch! Sie sind jetzt so weit, dass Sie in Ihren Anschaffungen Charakter demonstrieren. Sie müssen nur wissen, wann es Zeit ist, aufzuhören. Denn auch Charakterdemonstrationen sollte man nicht forcieren. Wie dem auch sei. Das Allerwichtigste ist ja bei der ganzen Sache, sich nicht dauernd reinquasseln zu lassen. Apropos quasseln: Meine sprechende Spongebob-Puppe werde ich niemals hergeben! Oder sagte ich das schon?

Und dann noch was: Was immer Sie tun und welchem Geschlecht Sie auch angehören: Bitte tragen Sie nie, *niemals* einen Ring am Mittelfinger. Ringe trägt man am Ringfinger. Deswegen heißt der so.

ANHANG

Die Typen des Sozialen

Wir leben in einer mobilen und hochfragmentierten Gesellschaft, deren soziale Struktur heute total verschieden ist von der vor 20 Jahren. Sue Ellen würde sich überhaupt nicht mehr zurechtfinden. Im Wesentlichen sind seit ihren Tagen zwei Dinge passiert: 1. Die Anzahl reicher Leute hat dank Hedge-Fonds und neuen Medien eklatant zugenommen. 2. Eine exponentiell fortschreitende allseitige Geschlechteremanzipation beseitigte das konventionelle gesellschaftliche Rollenverständnis.

Diese beiden Megatrends haben eine nie gekannte gesellschaftliche Dynamik in Gang gesetzt und eine Fülle sozialer Phänomene inspiriert, und wenn Sie das verwirrend finden, dann sind Sie nicht allein. Aber so kompliziert ist es auch wieder nicht. Im Folgenden werden einige der wichtigsten sozialen Kategorien, Akteure und Erscheinungen der gesellschaftlichen Welt unserer Tage kurz erläutert, damit Sie sich in der immer rascher verbreiternden Gegenwart weiterhin zurechtfinden. Notwendigerweise handelt es sich dabei durchgehend um angelsächsische Begriffe und Akronyme. Das liegt, wie gesagt, daran, dass der englisch sprechende Teil der Welt dem Rest des Planeten in der Erkennung und Benennung gesellschaftlicher Phänomene immer einen Schritt voraus ist. Als da wären, in alphabetischer Reihenfolge:

Castle Creeper

= gesellschaftliche Randfigur weiblichen oder männlichen Geschlechts, die in der Lage ist, den Eigentümer einer 15-Millionen-Villa an der Costa Smeralda oder einer 350-Fuß-Yacht im Hafen von St. Barths zu wittern, noch bevor besagter Eigentümer bei Cipriani's durch die Tür kommt. (Lebens-)Ziel des Castle Creeper ist es, eine Einladung in besagte Villa / auf besagte Yacht / auf den Landsitz in Gloucestershire zu ergattern, gern begleitet von einer Einladung, den Weg dahin an Bord eines Gulfstream 5 (oder, noch besser, eines Global Express) zurückzulegen.

Verwandte Begriffe:

- *Social Climber*
- *Guest-Zumping*: die Kunst, gesellschaftlich hoch im Kurs stehende Gäste anderen Ferienvillenbesitzern wegzuschnappen

Competitive Dieting (CD)

= gesellschaftliche Wettkampfdisziplin, bei der die in aller Regel weiblichen Teilnehmer gegenseitig versuchen, ihr Körpergewicht zu unterbieten. Besonders verbreitet im Segment der → WAGs bzw. MAWs (= *Models, Actresses, Whatever*). In besonders exponierten Fällen kann CD den Charakter eines Duells annehmen, wie etwa bei Nicole Richie und Lindsay Lohan.

High Maintenance Person (HMP)

= Bezeichnung für ein Individuum, das rund sechzig Prozent seiner Wachzeit damit verbringt, Wartungsarbeiten an der eigenen Erscheinung durchzuführen bzw. durchführen zu lassen. Das Standard-HMP-Programm beruht auf dem BRC-Prinzip: Botox, Restylane, Collagen. Dazu kommen altersabhängige chirurgische und kosmetische Behandlungen. Sowie milieuspezifische Unterhaltsarbeiten, zum Beispiel Botoxinjektionen in die Achselhöhlen von Schauspielerinnen, um Couture-Stücke auf dem roten Teppich nicht durch Transpiration zu ruinieren, oder Collagen-Spritzen in die Fußsohlen, um bei Stehempfängen in hohen Hacken länger durchzuhalten. Beliebt ist auch das 21-Day-Bikini-Boot-Camp-Programm von Hollywoods gnadenlosestem Personal Trainer, Brendan McCarthy. – HMPs trifft man in der Schweizer Klinik La Prairie und im New Yorker Red Door Spa von Elizabeth Arden sowie in den Praxen von Dr. Jean-Louis

Sebagh in London oder Dr. Arnold Klein in Beverly Hills. Ihre Anführerin ist Joan Collins.

New Social Rich (NSR)

= jene soziale Kohorte, die im späten 20. und beginnenden 21. Jahrhundert zu riesigen Vermögen gekommen ist, in der Regel durch Hedge-Fonds oder neue Medien, und diesen Reichtum systematisch für ihre Positionierung in der Gesellschaft einsetzt. Neben dem prototypischen Hedge-Fonds-Milliardär, der seinen Privatjet nach Paris schickt, um Alain Ducasse abzuholen, damit der ihm Rührei mit Trüffeln zum Frühstück macht, gehört zu dieser Gruppe auch der Typ des sogenannten Silicon Valley Shuffleboarder (SVS), der mit Ende zwanzig sein Internetportal an Time Warner verkauft hat und nun seine Zeit mit richtigem Surfen und Buddhismus verbringt. Dieser Typ ist auch bekannt als SNAG (= *Sensitive New-Age Guy*), während man die Hedge-Fonds-Variante eher unter LOMBARD (= *Loads Of Money But A Real Dickhead*) kennt. Beliebte NSR-Treffpunkte sind Clubs wie Annabel's in London oder Bungalow 8 in New York City. Das Fehlen von Tradition und Manieren wird in diesem Milieu gerne durch die Anwesenheit europäischen Adels kompensiert; hierbei handelt es sich allerdings meistens um Aristokretins, d.h. Mittdreißiger aus den besten Häusern, die Marc Jacobs tragen und französische Zigaretten rauchen und ausschließlich von ihrem Erbe leben – und leider auch keine Umgangsformen haben.

One Crashing Bore (OCB)

= notorischer Langweiler von der Sorte, von der jede Party mindestens einen zu bieten hat. Zu den OCBs gehören einerseits Charakter mit angeborener Taktlosigkeit (auch bezeichnet als *Brick Dropper* oder BD) und andererseits die zwanghaften Angeber, die stets jene Grenze überschreiten, welche in Fachkreisen als *Social Boasting Limit* (SBL) bekannt ist und jenseits derer die penetrante Protzerei beginnt. In Kreisen der → *Sloane Rangers* ist der OCB auch bekannt als »Heavy Furniture«. – Zu den klassischen Strategien im Kampf gegen OCBs gehört zum Beispiel der *Two-Glass Approach* (TGA): Man besorgt sich ein Glas für sich selbst und eins für den wartenden imaginären Freund.

Sloane Ranger (im Plural meist »Sloanes« oder »Sloanies«)

– bezeichnete früher (bis ca. 1990) ein Set von jungen Damen der englischen Upper oder Upper-Middle Class, deren Lebensmittelpunkt die teuren Gegenden West-Londons bildeten (v. a. Sloane Square, Kensington High Street, Kings Road). Archetyp des Sloane Ranger war Lady Diana Spencer vor ihrer Hochzeit mit dem Prinzen von Wales. Neuerdings findet der Ausdruck Anwendung für junge Männer und Frauen aus besseren englischen Familien (inkl. der Königlichen), die in London gerne in Chelsea und Notting Hill ihre Zeit verbringen und einen gut dotierten Job in der City mit einer Vorliebe für Siegelringe, Barbour Coats und Ralph Lauren But-

ton Downs verbinden. Sloane Rangers arbeiten in Anwaltskanzleien, Banken und Immobilienfirmen, neuerdings auch in PR- und Werbeagenturen. Ein typischer Sloanie ist neben Jemina Khan, Lady Victoria Hervey und der Patentochter von Prince Charles, Tara Palmer-Tomkinson (TPT), auch die (ehemalige) offizielle Prinzenfreundin von William Windsor, Kate Middleton. An Miss Middleton lässt sich alles exemplifizieren, was den Sloane Ranger ausmacht: Sie besuchte eine Public School (wie in England die Privatschulen heißen), noch dazu mit Marlborough College eine, die als extrem *sloaney* gilt, und anschließend die University of St Andrews (wo sie William kennen lernte). Kate hat eine Vorliebe für das Landleben und die sogenannten Field Sports: Jagen, Schießen, Angeln. Sowie für den entsprechenden Kleidungsstil, insbesondere die unter Female Sloane Rangers (FSRs) besonders beliebten Pashmina-Schals. Und sie ist dem Vernehmen nach gelegentlich ein bisschen keck und snobistisch, was sich zeigte, als sie Berichten zufolge begann, ihren Status als Prinzenfreundin auszunutzen, indem sie ein Handtaschengeschenk von Burberry annahm, ihre Strafzettel wegen Falschparkens nicht mehr bezahlen wollte und (nach vorherigen Make-up-Kontrollen) Nachtclubs wie das »Mahiki« bewusst durch die Vordertür verließ, um den Paparazzi eine Fotogelegenheit zu bieten. – Neben einer Abneigung gegen klassisches Musiktheater, moderne Kunst und James Joyce teilen die Sloane Rangers ihre eigene Sprache, die weitgehend identisch mit der Sprache der englischen Upper Class und reich an Akronymen ist, von denen das bekannteste lautet: »NOCD«, und das steht für »Not Our Class, Darling«, womit sich Sloane Rangers gegenseitig signalisieren, dass eine dritte Person *kein* Sloanie ist. Dazu kommen Sloane-spezifische Wendungen, zum Beispiel »heavy furniture« (grob übersetzt: »schweres Gerät«), womit man bereits zu Prinzessin Dianas Tagen unter Sloanies eine Person bezeichnete, die man unerträglich langweilig fand. – Und was ist mit den Original Sloanes aus den achtziger Jahren passiert? Die sind jetzt Posh Hippies um die 40 und haben die schlimmste Midlife Crisis in der Geschichte der Menschheit. Meistens auf Ibiza. Dort kaufen sie ihre Sachen im stratosphärisch teueren Vintage Shop Ganesha, wo sie sich darüber unterhalten, was letzten Dienstag auf Jade Jaggers Party passiert ist und wie sehr ihnen letzten Samstag um fünf Uhr früh Pete Tongs Set im Pacha gefallen hat.

Socially Challenged

= in Parodie auf den Slang der Political Correctness (die mit guten Manieren nichts zu tun hat) gebildete Bezeichnung für eine Person, in deren Gesellschaft man sich augenblicklich unbehaglich fühlt. Annäherungsweise zu übersetzen mit »gesellschaftlich unbeholfen« oder auch »ungehobelt«.

Verwandter Begriff:

- *Brick Dropper*

Sugar Mummy

– vermögende Frau, die einen (zumeist jüngeren) Mann an ihrer Seite finanziert. Während es früher höchstens Erbinnen oder Hollywood-Schauspielerinnen vorbehalten war, sich den klassischen

Gigolo zu leisten, ist heutzutage, da die sozialen Rollen flexibler werden und die Karriereaussichten für Frauen besser, Sugar Mummydom ein gesellschaftlich weithin akzeptiertes Phänomen, was sich vom Stigma zum postfeministischen Spaß entwickelt hat. Auf jeder besseren Party von Malmö bis Moputo sieht man mindestens ein Sugar-Mummy-Pärchen. Relativ sichere Anzeichen für das Vorliegen einer derartigen Konstellation sind: 1. Er ist jünger als sie und maximal in den besten Jahren, vorzugsweise gut aussehender Latino-Profi-Tänzer oder attraktiver verarmter Adel, mit dubioser Berufsbezeichnung (Honorarkonsul eines mittelamerikanischen Staates oder Verwaltungsratspräsident auf den Kanalinseln, zum Beispiel). Oder man weiß gar nichts über ihn. 2. Ihr Verlobungsring ist umgekehrt proportional zu seinem mutmaßlichen Vermögen; keiner der beiden lässt verlauten, wer ihn bezahlt hat. 3. Sie fängt die Sätze an, er beendet sie mit den Worten: »Und dann haben wir es gekauft.« (»Es« kann alles sein, von einem Helikopter bis zu einer Insel in Französisch-Polynesien.) 4. Sie macht die Deals: Anschaffungen, Reisepläne, gesellschaftliche Verpflichtungen und dergleichen werden stets von ihr entschieden und abgewickelt. Sugar Mummies sind übrigens nicht selten sogenannte *First Wives*, also Frauen, die erfolgreiche Geschäftsmänner irgendwann abgestoßen haben, ihrerseits meistens für erheblich jüngere MAWs (= *Models, Actresses, Whatever*). Beispiel: Ivana Trump, geb. Zelníčková, erste Ex-Gattin von Immobilien-Tycoon Donald Trump und heute selbst

Virtuosin der Selbstvermarktung. Nicht zu verwechseln mit Sugar Mummies sind schließlich ihre Nachahmungen: *Sugar Dummies* bzw. *Sweetex-* oder *Süßstoff-Mummies*: Glamourös, aber mit der Hand auf der Birkin Bag. Flash ohne Cash. Die bezahlen für nichts. Beispiel: die famose Joan Collins (siehe unter → *High Maintenance Person*). Sugar Mummies haben in gewisser Weise die → *Trophy Wives* abgelöst.

Teeniles (meist Plural, gebildet vom Adjektiv »teenile«)

= Leute, die sich viel zu jung für ihr Alter kleiden. Der Begriff kommt aus der Modeindustrie (wo sich viele Leute viel zu jung für ihr Alter kleiden). Verwendungsbeispiel: »Dieses AC/DC-T-Shirt lässt Horst total teenile aussehen – er ist doch fast vierzig!« Ein Segment der Teeniles sind die sogenannten *Grups*, also Mittdreißiger, die meist freiberuflich in kreativen oder semikreativen Berufen arbeiten, nicht ohne ihren iPod aus dem Haus gehen, sich in Jugendmodeketten wie Urban Outfitters oder H&M einkleiden und ihre Kinder zum DJ Set von Ladytron in die Standard Lounge schleifen.

Toxic Bachelor

= eine auf die Kolumnistin Candace Bushnell zurückgehende Bezeichnung für einen permanent gebräunten, bindungsunwilligen Junggesellen um die vierzig, der mindestens zwei Dekaden gescheiterter Beziehungen hinter sich hat. Toxic Bachelors sind ein Segment der sogenannten → *New Social Rich* (NSR). Sie treten gerne in Rudeln auf (wobei sie sich gegenseitig oft »dude« nennen). Ihre bevorzugten Reviere sind Clubs wie Boujis in London oder Jimmy'z in Monte Carlo. Toxic Bachelors sind stets auf der Suche nach Damenbekanntschaften, bevorzugt aus der Gruppe der MAWs, also jener Gruppe junger Damen zwischen 18 und 24, die meist aus Russland oder Brasilien stammen und Größe Null tragen. D. h. die Maße 80-55-80 haben. D. h. es gerade noch schaffen, eine schwarze American-Express-Karte anzuheben. – Bei ihren Pick-up-Attacken greifen Toxic Bachelors auf ein überaus beschränktes Repertoire von Instrumenten zurück, darunter weiße Versace-Jeans, pastellfarbene Cashmerepullover (vorzugsweise um den Nacken geknotet, um die Bräune besser zur Geltung zu bringen) und Eröffnungssätze wie: «Möchten Sie meinen Ferrari / mein Chalet in Cortina / ein Foto von mir in Tenniskleidung sehen?« – Toxic Bachelors sind sehr auf die äußere Erscheinung fixiert, nicht nur bei Frauen, sondern auch bei sich selbst (siehe auch → *High Maintenance Person*). Sie halten ihren Körper in Form mithilfe eines Personal Trainer (wenn

dieser weiblich ist, haben sie in der Regel mit ihm geschlafen), Darmspülungen in der Balance Clinic in Chelsea, Ozonduschen im schweizerischen Institut La Prairie und Botoxinjektionen bei Dr. Arnold Klein in Beverly Hills (gelegentlich gönnen Sie sich auch noch eine neue Nase nebenan bei Dr. Raj Kanodia). Außerdem gehören Toxic Bachelors zu den wenigen heterosexuellen Männern, die → *Competitve Dieting* betreiben. – Der Toxic Bachelor ist nicht zu verwechseln mit dem *Toxic Friend* (= Person, der man sich verpflichtet fühlt, obschon sie einen hintergeht und in Gesellschaft andauernd in Verlegenheit bringt).

Rollenvorbilder für den Toxic Bachelor:

• Bruce Willis, Flavio Briatore, Markus Schenkenberg, Julio Iglesias, Hugh Grant, Albert II., Fürst von Monaco.

Alternative Bezeichnungen für den Toxic Bachelor:

• WMA (= *Worst Men Around*), LOMBARD (= *Loads Of Money But A Real Dickhead*), PITA (= *Pain In The Ass*)

Trophy Wife

= Begriff, der einer vergangenen Ära entstammt, zu datieren ungefähr von 1961 bis 1989. Dies war die Zeit, als praktisch alle reichen Männer aussahen wie die böse Riesenmade Jabba the Hutt, und deshalb galten die Raquel-Welch-Lookalikes, die sie heirateten, als Trophäen. Dann passierten drei Sachen, die für die Trophy Wives dieselbe Bedeutung hatten wie damals der Meteoriteneinschlag für die Saurier: Der Eiserne Vorhang fiel, die Anzahl reicher Männer stieg dank Hedge-Fonds und neuer Medien exponentiell an (siehe → *New Social Rich*), und dank Metrosexualität und Rückenepilation sahen sie im Durchschnitt auch besser aus. In der Folge wur-

den die reichen Männer wählerischer. Das Trophy Wife mit seinen unersättlichen gesellschaftlichen Ambitionen, seiner kostspieligen Harry-Winston-Abhängigkeit und auf ewig gefrorenen Gesichtszügen konnte sich an diese veränderten Umweltbedingungen nicht anpassen und starb aus. Es wurde im Wettkampf ums Überleben verdrängt von einer Heerschar von 21-jährigen MAWs aus Russland und Südamerika, die schlechtes Englisch sprechen, die Figur von Gisele Bündchen haben und sogar mit Linienflügen zufrieden sind. Solange man ihnen einen Modelvertrag dazugibt.

WAGs

= Abkürzung für *Wives And Girlfriends* = im engeren Sinne Sammelbezeichnung für am Rande von Großturnieren gruppenweise auftretende Fußballspielerfrauen. Im weiteren Sinne ist WAGs inzwischen zur Sammelbezeichnung für jede Schar von Personen geworden, die als Gruppe in erster Linie durch ihre Eigenschaft als Lebenspartner definiert wird, z. B. Politikerehefrauen oder Modelehemänner (geschlechtliches Gegenstück zu den WAGs sind die HABs = *Husbands And Boyfriends*). Bekannte WAGs i. e. S. sind Colleen McLoughlin (Freundin von Wayne Rooney), Cheryl Tweedy (Partnerin von Ashley Cole) oder Louise Bonsall (Frau von Michael Owen). Mutter aller WAGs (MoWAG) ist Victoria Beckham. Für den klassischen WAG-Stil werden folgende Zutaten benötigt: 1. falsche Bräune, 2. falsche Nägel, 3. falsche Haare, 4. Sonnenbrille in Suppentellergröße, 5. Trinkfestigkeit, 6. Fendi-Taschen & Chloé-Schuhe in allen Farben, 7. Hotpants mit Kniestiefeln, 8. Juwelen von einer Größe, wie man sie sonst nur in Zeichentrickfilmen sieht. – WAGs sind ein Teilsegment der SCEWIBIPs (= *Shrinking Celebs With Big Purses*), also all jener Geschöpfe, die bei einer Körpergröße von weniger als 160 Zentimetern (und einem Gewicht um 50 Kilo) haufig mit Handtaschen von Igluzeltvolumen gesichtet werden. Zum Beispiel Mary Kate und Ashley Olsen. Oder Eva Longoria. Wobei hier der Iced Decaf Triple Venti Hazelnut Nonfat No-Whip Cream Mocha ebenso Teil der Bekleidung ist wie die Anya-Hindmarch-Handtasche.

Der gute Rat ganz zum Schluss:

NOW THAT YOU KNOW THE RULES,
YOU CAN START BREAKING THEM.

Mit anderen Worten:

STYLE IS WHEN THEY'RE RUNNING YOU OUT
OF TOWN AND YOU MAKE IT LOOK AS IF
YOU'RE LEADING THE PARADE.
(SEBASTIAN HORSLEY)

Oder:

ETIKETTE IST, WAS AN FLASCHEN KLEBT.

Damit soll noch einmal ausgedrückt werden, was der Grundtenor und die Hauptbotschaft dieses Buches ist: Es geht bei der richtigen Umgangsform immer mehr um gebildete Intuition als um das sklavische Befolgen irgendwelcher Regeln. Verzweifeln Sie also nicht, wenn Sie sich bei einem formellen Abendessen plötzlich nicht mehr daran erinnern können, mit welchem Ihrer Tischnachbarn Sie sich beim ersten Gang unterhalten sollen (traditionell: mit der Person zu Ihrer Linken) und mit welchem beim zweiten Gang (der Person zu Ihrer Rechten). Konversieren Sie einfach frei und flexibel, indem Sie sich vor Augen halten, was wir schon am Anfang dieses Vademecums hochhielten: Der Sinn von Manieren liegt nicht darin, den eigenen gesellschaftlichen Aufstieg zu befördern oder anderen Leuten eine möglichst hohe Meinung von sich beizubringen. Schon gar nicht geht es darum, andere Leute zu erziehen.

Zweck und Ziel von Umgangsformen ist es vielmehr, mögliche Unannehmlichkeiten und Peinlichkeiten für die Mitgeschöpfe auf jenes absolute Minimum zu reduzieren, das einfach davon herrührt, dass der Mensch nicht alleine auf der Welt ist. Jedes Benehmen, das diesem Imperativ genügt, ist gut.

Wenn Sie Ihr Verhalten nach dieser Maxime ausrichten – was nicht immer simpel ist, durchaus nicht! –, müssen Sie nicht viele Regeln auswendig lernen. Sofern Sie mir versprechen, von folgenden drei Dingen Abstand zu nehmen:

1.
Haarfärbungen (gilt nur für Herren)

2.
Benutzung von Stofftaschentüchern

3.
Offenlassen des Klosettdeckels

Soviel zu den drei großen Tabus, auf deren Respektierung zivilisiertes abendländisches Zusammenleben beruht. Sie sind auch bekannt als *Die Drei Schlimmsten Sachen der Welt* (DDSSW). Damit entlasse ich Sie in dieselbe. Break a leg!

REGISTER

A

D

E

F

G

H

I

J

K

L

M

N

O

P

T

U

V

W

X

Y

Z

Die Beiträge dieses Buches sind zum Teil (bisweilen in veränderter Fassung oder auch nur auszugsweise) erschienen in: *Vogue*, *Park Avenue*, *Welt am Sonntag*, *Celebrity*, *Annabelle*, *Facts*, *Bolero*, *Berliner Illustrirte Zeitung*, *Sonntagsblick Magazin*, *Fivetonine / Wirtschaftswoche*, *Neon*, *Vanity Fair*.

PHILIPP TINGLER

1970 in Berlin (West) geboren, lebt in Zürich. Studium der Ökonomie und Philosophie in England und der Schweiz. Ehrengabe des Kantons Zürich für Literatur 2001. Kasseler Literaturpreis für komische Literatur 2008. Zahlreiche Beiträge in Anthologien sowie für Presse, Rundfunk und TV, u.a. für das Schweizer Fernsehen und Radio DRS, den WDR, *Vogue*, *GQ*, *Focus*, *Stern*, *Neon*, *Vanity Fair*, *Celebrity*, *Welt am Sonntag* und *NZZ am Sonntag*. Bisher erschienen bei Kein & Aber: *Juwelen des Schicksals* (2005), *Leute von Welt* (2006) und der Roman *Fischtal* (2007). www.philipptingler.com

DANIEL MÜLLER

1964 in Baden geboren, studierte an der Kunstgewerbeschule Luzern und an der Schule für Gestaltung Zürich. Seit 1993 lebt und arbeitet er als freier Illustrator in Zürich. Seine Arbeiten sind in diversen Zeitschriften und Büchern zu finden. www.illumueller.ch

Fotos: Markus Fessler / Stefan Sulzer

HÖREN SIE DEN GUTEN TON!

Das Abc des guten Benehmens enthält die wichtigsten Ratschläge aus *Stil zeigen!* – knapp und konzise auf den feinen Punkt gebracht, als Abc zum Hören. Alle Antworten auf drängende Etikettefragen – nur einen Tastenklick entfernt!